INCULTURATION

Intercultural and Interreligious Studies

edited by

Arij A. Roest Crollius, S.J.

XX

CENTRE "CULTURES & RELIGIONS" – PONTIFICAL GREGORIAN UNIVERSITY

UNDERSTANDING AND DISCUSSION
APPROACHES TO MUSLIM-CHRISTIAN DIALOGUE

With contributions of

PETER-HANS KOLVENBACH, S.J.
EDMOND FARAHIAN, S.J.
CHRISTIAAN VAN NISPEN TOT SEVENAER, S.J.
ARIJ A. ROEST CROLLIUS, S.J.

And a presentation by

GIUSEPPE PITTAU, S.J.

ROME 1998

EDITRICE PONTIFICIA UNIVERSITÀ GREGORIANA
Piazza della Pilotta, 35 - 00187 Roma

TABLE OF CONTENTS

PRESENTATION

As Rector of the Pontifical Gregorian University, it is a joy for me to present this new volume in the series INCULTURATION. This 20th volume merits special attention. In the first place, the publication celebrates its 15th anniversary. During these 15 years it has proved to be a useful instrument for research and for pastoral reflection in view of the inculturation of the Church and also of the new evangelization. Secondly, this volume treats of the challenge of interreligious dialogue, especially with Muslims.

The first text is from the hand of the Very Rev. General of the Society of Jesus, Fr. P.-H. Kolvenbach. It is an allocution which is the fruit of an experience of life and a reflection matured in the Near East and further developed in Rome. The text contains precious orientations for the members of the Society of Jesus and for all those who are called to interreligious contact in the Islamic world. The complexity of these contacts is made evident, as also a horizon of hope.

The second article, by Prof. Edmond Farahian, S.J. represents the inaugural lecture of the new Chair of Interreligious Dialogue at the Gregorian University. This Chair was founded by the Peter Family in honour and in memory of the Rev. Carl J. Peter, who was an alumnus of our University and Professor at Washington Catholic University. This lecture indicates the faith experience of Abraham as a basis for dialogue between Muslims and Christians. Beyond the existing differences, all the followers of the scriptural monotheistic religions can find a guidance in the answer of Abraham to God's call.

This article is followed by a study, in which Prof. Farahian is joined by Prof. Christiaan van Nispen tot Sevenaer, S.J., specialist in Islamic Studies, actually working in Egypt. It treats of biblical-theological questions connected with the religious encounter between Muslims and Christians.

The issue concludes with a text written by Prof. Arij A. Roest Crollius, S.J. which treats in a more general way of interreligious dialogue and underlines the conditions of an encounter in truth.

It is my sincere wish that this volume may be followed by many others in order to promote intercultural and interreligious studies which constitute, in obedience to the General Congregations of the Society of Jesus, one of the main concerns of the academic thrust of the Pontifical Gregorian University.

GIUSEPPE PITTAU, S.J.
Rector of the University

PETER-HANS KOLVENBACH, S.J.

JÉSUITES ET MUSULMANS

Il y a plus de 450 ans, le 27 septembre 1540 la Bulle "Regimini militantis Ecclesiae" déclarait que les premiers compagnons de Jésus étaient prêts à être envoyés n'importe où, "même chez les turcs ou n'importe quels autres infidèles". Nous savons que l'expression "les turcs" en ce temps-là ne désignait pas un groupe ethnique, mais tout simplement les musulmans.

Dès le début, la relation des jésuites avec les musulmans a été complexe, pour ne pas dire ambiguë. En 1554, Ignace donnait des directives pour que les maisons de la Compagnie acquièrent des livres sur l'Islam et que les jésuites étudient le Coran pour se préparer à entrer en conversation religieuse avec les musulmans. Une maison où l'on parlait arabe avait été installée à Messine et un programme d'études arabes avait été introduit dans le collège de cette ville. Un collège arabe avait été prévu à Monreale et un programme d'études arabes pour le collège de Malte où les jésuites destinés à travailler parmi les musulmans auraient été formés. Il y eut des projets de collèges à Beyrouth et à Chypre ainsi qu'à Djerba en Tunisie actuelle pour répondre à l'invitation du cheik. En même temps Ignace écrivait à Nadal en 1552 en faveur de l'envoi d'une flotte pour combattre l'armée ottomane. Parmi les motifs invoqués il s'agissait de sauver l'Europe chrétienne de l'attaque musulmane, de libérer les captifs chrétiens et de la possibilité d'ouvrir une mission destinée à convertir "les maures".

Une attitude complexe

Cette attitude complexe à l'égard des musulmans a continué tout au long de notre histoire, comme aussi de l'histoire de l'Eglise. Certains ont considéré l'Islam comme une *hérésie*, une forme corrompue de christianisme. D'autres ont considéré l'Islam comme un *fléau*. Parfois on le présentait comme un fléau divin pour punir les chrétiens de leur complaisance en eux-mêmes et de leurs péchés, tandis qu'à d'autres époques on y voyait un fléau diabolique qui a empêché en réalité l'expansion de la foi chrétienne dans une grande partie de l'humanité.

D'autres ont vu surtout dans l'Islam une *force politique et militaire*, destructrice de la foi chrétienne en Afrique du nord et une bonne partie du Moyen Orient, ainsi qu'une menace perpétuelle pour la civilisation européenne. Bien que cette force d'expansion de l'Islam ait été alimentée par divers facteurs historiques, tout d'abord la conquête arabe de l'Afrique du nord et de la péninsule ibérique, ensuite de Malte et de la Sicile, l'expansion turque en Anatolie, dans les Balkans et en Europe centrale, et finalement le mouvement actuel de l'Islam en Afrique sub-saharienne et l'émigration musulmane en Europe occidentale, ils y observent un phénomène commun: la menace d'une religion agressive qui n'a jamais appris à vivre en paix avec les autres.

D'autres chrétiens ont noté la foi solide des musulmans en Dieu, leur engagement dans la prière et les bonnes oeuvres, leur respect pour le rôle prophétique de Jésus et leur profonde tradition mystique. Certains d'entre eux ont été ainsi amenés à considérer l'Islam comme une sorte de *pré-évangélisation*, un mouvement monothéiste de réforme qui mit fin aux excès de l'Arabie païenne. Ils trouvent dans l'Islam une forme positive, quoique imparfaite, d'une foi religieuse authentique et voient les musulmans comme des âmes à sauver par l'amour et le service.

Au cours du XXe siècle en particulier, plusieurs chrétiens sont allés plus avant sur cette ligne d'approche de l'Islam. Suivant la direction de pensée développée par Louis Massignon et d'autres, ils considèrent l'Islam comme une religion-soeur qui trouve son origine, à côté de la "soeur aînée", le judaïsme, dans la foi du Père commun Abraham. L'Islam est alors considéré comme une *communauté privilégiée de compagnons de foi* et de collaborateurs possibles, avec lesquels les chrétiens sont appelés à vivre en paix et en collaboration. Le document court mais significatif sur les rapports de l'Eglise avec les musulmans dans le texte conciliaire *Nostra Aetate* semble avoir été inspiré par cette dernière compréhension chrétienne de l'Islam.

Une situation complexe

A cette complexité d'attitudes on pourrait ajouter la complexité des situations et des expériences dans le domaine de la rencontre entre chrétiens et musulmans. Par exemple participent à cette réu-

4

nion des jésuites de cinq régions, où musulmans et chrétiens se considèrent les uns les autres à partir de positions fort différentes de force ou de faiblesse.

En *Afrique occidentale*, comme en d'autres parties du continent, le christianisme et l'Islam sont tous deux des forces en croissance et en expansion, chacun essayant de former le continent selon sa conception particulière de la société humaine devant Dieu et selon les valuers qu'il trouve dans ses traditions de foi. Cet état de choses provoque inévitablement une relation de compétition dans laquelle les enjeux suprêmes pour l'avenir peuvent influencer la façon dont les communautés vivent ensemble actuellement.

Au *Moyen-Orient* les communautés chrétiennes ont vécu pendant des siècles dans des régions à domination musulmane, où, aujourd'hui, leur nombre diminuant chaque année par l'émigration, elles luttent non seulement pour survivre, mais pour leur droit à jouer un rôle de formation dans leurs propres sociétés. Insatisfaites de tout "statut" de "peuple protégé", elles tendent à voir l'Islam comme un groupe dominant qui refuse tout rôle significatif à qui, dans cette région, n'est pas musulman.

En *France*, comme dans la plupart des pays d'Europe occidentale, ce sont les communautés musulmanes qui sont en position de dépendance socio-économique, bien qu'ici également, leur nombre croissant et leurs racines plus profondes placent les musulmans dans une position plus forte qu'ils ne l'étaient à la génération précédente. Les questions qui se posent tournent autour de l'interrogation suivante: les chrétiens peuvent-ils et devraient-ils, et dans quelle mesure, appuyer les revendications des musulmans à leur identité propre? ou bien nos efforts ne devraient-ils pas être dirigés dans le sens d'une saine assimilation à l'intérieur de la société qui les a accueillis?

Au *Maghreb*, nous trouvons un exemple évident de jésuites "allant vivre parmi les musulmans" dans des sociétés et des nations dont les idéaux et la manière de vivre semblent totalement façonnés par l'Islam. Les jésuites comme les autres chrétiens sont cul-turellement étrangers et leur statut civil est habituellement celui de résidents étrangers avec peu d'influence sur les décisions de politique ou de société. En même temps dans leur humble condition, ils sont peut-être les mieux placés pour rendre témoignage aux valeurs chrétiennes dans les sociétés musulmanes.

5

En *Asie* les musulmans semblent généralement plus tolérants et disposés à vivre et à collaborer avec d'autres, bien que les courants fondamentalistes ne manquent pas. Une des raisons de cette ouverture peut être l'influence des cultures locales sur l'Islam, comme par exemple en Asie méridionale et en Indonésie. Dans l'Asie du sud les courants de dévotion et de mystique sont puissants. Les musulmans sont également divisés par des facteurs comme la caste et l'ethnie. En Indonésie un changement de religion semble même possible. Leur situation de minorités en certains pays comme en Inde les rend plus tolérants et ouverts au dialogue. Cela montre que l'Islam même comme religion n'est pas un monolithe comme on pourrait le croire, mais est ouvert aux influences culturelles et au pluralisme interne qui en est la conséquence.

Mais dans ces régions également le virus du communalisme, qui exploite l'identité religieuse pour obtenir le pouvoir et d'autres avantages politiques est en train de redresser lentement la tête. On peut voir un autre exemple de cette recherche du pouvoir dans le phénomène des musulmans noirs aux Etats-Unis. Là-bas devenir musulman est une prise de position militante et un choix contre le christianisme des blancs. La foi islamique comme véhicule d'une nouvelle identité devient plus habituellement visible et agressive, tout en restant cependant souvent symbolique.

Différentes manières d'être musulman

De même que les situations que nous venons de décrire sont différentes, ainsi les musulmans ne sont pas tous identiques. Ils sont des hommes réels, avec des problèmes spécifiques et concrets de foi, de survie, d'espoirs, de préjugés et de contradictions. Ils ne peuvent être enfermés dans une définition schématique de l'"Islam" ou du "musulman". L'identification personnelle du musulman avec la tradition islamique peut être forte ou faible et peut changer au cours de la vie, au gré des circonstances et de diverses influences comme l'éducation, le mariage, la profession, l'émigration dans le milieu urbain ou à l'étranger, des expériences bonnes ou mauvaises avec des musulmans ou avec des chrétiens. Ainsi, tout en n'oubliant pas les questions plus larges de société, nous devons toujours tenir compte qu'au niveau de la personne de nouvelles possibilités peuvent toujours se présenter.

Il y a dans l'Islam un élément fort agressif mais il y a aussi des bases réelles de tolérance et d'accueil des autres. S'ils oublient le premier élément, ceux qui vivent au milieu des musulmans mettent en danger leur propre vie ou celle de la communauté chrétienne. S'ils ignorent ou refusent de voir le second élément, ils perdent des occasions d'apporter une contribution positive à la construction d'une société juste et harmonieuse.

De même qu'il existe réellement aujourd'hui des tendances intégristes, loyalistes et révisionnistes à l'intérieur des communautés musulmanes de chaque pays, il est aussi vrai qu'il existe des mouvements séculiers, mystiques-spirituels, missionnaires et piétistes. Chacun d'entre eux implique une compréhension spécifique de l'Islam et de son rôle dans les nations modernes. Chacun propose son propre programme sur la manière dont il conçoit la communauté islamique par rapport aux non-musulmans dans les sociétés pluralistes modernes. Bien plus chaque tendance à l'intérieur de la communauté islamique revendique d'être l'expression de l'"Islam réel". Nous ne devons pas oublier qu'en face des situations et des problèmes réels et quotidiens de la vie, les gens souvent laissent de côté leurs idéaux et leurs principes. Les considérations ethniques, économiques ou de classe ont souvent plus de poids que les idéaux purement "religieux". Il est aussi facile d'individualiser à outrance les musulmans et d'ignorer les mouvements historiques, les circonstances, l'agression et la solidarité commune à l'intérieur de la *umma* islamique. Les musulmans eux-mêmes peuvent poursuivre parfois des buts communautaires, fût-ce à l'encontre de ce qui apparaît comme leur meilleur intérêt et d'une façon qui fréquemment s'oppose aux soucis des chrétiens et aux bonnes relations entre chrétiens et musulmans.

Envoyés en mission

C'est dans le contexte de cette situation complexe que nous avons été envoyés en mission. Notre mission concerne avant tout les personnes, les musulmans, à la fois en tant que personnes et en tant que groupes humains dans toute la complexité de leurs vies et des structures qui les régissent. Nous ne considérons plus notre mission d'une manière étroite comme consistant à "faire des conversions au christianisme" mais dans le sens large indiqué par *Evangelii Nuntiandi* qui nous provoque à travailler pour la transformation de la conscience des peuples, de leurs activités, de leurs vies et de leur environnement, cherchant "à atteindre et comme à renverser (par la force de l'évangile) les critères de jugement, les valeurs déterminantes... les sources d'inspiration et les modèles de vie de l'humanité qui sont en contraste avec la parole de Dieu et le dessein du salut " (N. 19). Cette tâche, bien sûr, suppose une présence active et le témoignage d'une communauté chrétienne, même de dimension réduite. De plus, nous sommes ouverts et heureux d'accueillir parmi nous des gens qui sont inspirés par l'Esprit à devenir disciples de Jésus dans l'Eglise. Mais nous ne devons pas faire de cela l'unique but ou critère de notre apostolat. Notre mission s'étend au-delà de la communauté chrétienne pour construire le Royaume de Dieu. C'est cette large perspective qui doit guider non seulement notre évaluation de ce que nous sommes en train de faire mais aussi le discernement qui dirige notre plan et notre action apostolique. C'est à cette action que nous devons aussi préparer et encourager les communautés chrétiennes que nous servons et animons dans des milieux à majorité musulmane. L'action apostolique doit cependant pouvoir prendre différentes formes par rapport aux situations, aux occasions et à nos propres possibilités.

Pratiquement

Avant tout ne nous laissons pas décourager, nous et les communautés chrétiennes que nous servons. Il est facile de devenir les victimes d'un complexe d'infériorité qui nous ferme et nous mettre sur la défensive. Au contraire l'Esprit d'espérance et de nouveauté, orienté vers le Royaume de Dieu, doit nous encourager à être des témoins actifs de l'évangile et à chercher, par le dialogue, à transformer les situations humaines dans lesquelles nous nous trouvons.

Ce dialogue n'est pas purement avec l'Islam comme tel, mais avec les musulmans et doit inclure, en plus du dialogue de vie, l'échange de perspective, le partage spirituel et l'enrichissement mutuel de manière à nous défier mutuellement dans le contexte d'une collaboration pour la promotion des valeurs humaines et spirituelles. C'est dans ce défi prophétique, comme dans le dialogue, que la mission découvre son authenticité.

Certains d'entre nous peuvent être appelés à s'engager dans une recherche qui nous aide à mieux comprendre, non seulement la religion de l'Islam, mais les sociétés musulmanes dans leur complexité. Cette recherche peut nous amener à collaborer avec des intellectuels musulmans. D'autres peuvent être engagés dans l'éducation et l'animation culturelle qui contribue à cultiver les valeurs humaines et spirituelles du Royaume de Dieu dans tous les hommes de bonne volonté. D'autres encore peuvent être engagés à témoigner des valeurs de l'Evangile dans un service de dévouement aux pauvres et en luttant avec eux pour la promotion de la justice.

Ceux d'entre nous qui travaillent avec des communautés chrétiennes dans les pays musulmans ont une responsabilité particulière non seulement pour promouvoir la connaissance mutuelle, la compréhension et la sympathie qui portent à collaborer à la tâche commune de construire des communautés humaines de liberté, d'entraide et d'amour, mais aussi pour donner aux communautés chrétiennes la conscience de leur vocation à être des évangélisateurs dans la confiance et l'espérance de l'Esprit qu'ils ont reçu.

Nous sommes tous certainement inquiets des rafales de fondamentalisme religieux qui déferlent dans plusieurs pays du monde. Cela peut avoir des causes sociales et politiques en plus des causes religieuses. La seule manière de contrer ces mouvements est la promotion des valeurs comme la dignité humaine, la liberté, l'égalité, la justice, l'esprit de communauté, ainsi que les attitudes qui en dérivent. Bref, en visant à une lente transformation de la culture. Nous devons chercher les moyens les plus appropriés pour atteindre nos buts par l'éducation, les media et la promotion de communautés modèles revêtant une valeur symbolique.

Dans les sociétés islamiques il sera peut-être question d'un effort pour imposer à tous la loi islamique — la shari'a —.

Par contre dans les sociétés chrétiennes les problèmes pourraient surgir d'une athmosphère qui devient de plus en plus sécularisée et où la pratique religieuse n'a plus de place dans la vie publique.

Si d'un côté il nous est possible d'apprécier le refus des musulmans d'accepter une dichotomie entre la croyance religieuse et la vie politique et sociale, d'un autre côté nous devons soutenir les mouvements qui existent à l'intérieur de l'Islam qui s'efforcent de distinguer entre le Coran inspiré par Dieu et les traditions et interprétations qui se sont établies, surtout dans le domaine de la loi, sous l'influence de situations historiques bien précises ou de certains contextes culturels, dans la tentative d'essayer d'appliquer des principes généraux à des situations particulières.

Ces mouvements ont pour but de soutenir la recherche du monde contemporain de la justice et des droits fondamentaux de l'homme, surtout ceux des minorités non-musulmanes, des femmes et des enfants; ils veulent montrer que ces aspirations à la justice sont en accord avec les orientations fondamentales et religieuses du Coran.

Une telle évolution de la tradition aussi bien religieuse que légale, pourrait aussi aider les croyants musulmans, là où ils ne représentent qu'une minorité, à accepter leur conditions tout en participant dans un esprit de solidarité et créativité à la vie des autres croyants; toute en restant fidèles à leurs convictions religieuses, il leur serait possible de participer pleinement à l'ensemble de la vie sociale.

Ceci permettrait de s'opposer à l'influence des courants fondamentalistes, aussi bien religieux que politiques, qui tendent à conditionner le comportement des musulmans, et à promouvoir un climat démocratique de fraternité et liberté.

Les croyants musulmans, de leur côté, sont en mesure de lancer un défi critique à la privatisation de la religion ainsi qu'à la sécularisation de la vie publique qui semblent caractériser nos sociétés post-chrétiennes. Leur sens de la communauté pourrait aussi contrecarrer les tendances vers un individualisme nocif. De cette manière il nous serait possible de redecouvrir non seulement la place de la religion dans la vie publique, mais aussi de faire l'expérience de l'impact que la liberté et la pluralité religieuse peuvent avoir sur la vie sociale.

Conclusion

En conclusion, je dirais que notre vie et notre travail doivent être animés par la vérité, l'espérance et la confiance. La vérité suppose que nous n'ayons ni une image trop rose ni trop purement négative de la situation. Nous devons nous rendre compte de la variété et de la complexité de celle-ci, ainsi que des difficultés, mais aussi des réelles possibilités de l'évangélisation dans pareil contexte. Notre espoir est tourné vers le but, qui est le Royaume de Dieu en train de se construire dans le monde par l'Esprit. Nous sommes les serviteurs de ce mystère et savons que notre vie et notre travail contribuent à la réalisation de ce but par des voies que souvent nous ignorons. L'impact de notre travail peut être difficilement visible. Nous pouvons ne pas être capables de changer les structures, mais nous pouvons certainement aider à transformer les gens, leurs perspectives et leurs attitudes. Notre confiance est fondée sur la présence et l'action de l'Esprit dans le monde et sur nous-mêmes qui sommes les porteurs d'une mission qui nous vient du Père, pour travailler avec le Fils, dans l'Esprit. (*Ad Gentes*, 1).

Edmond Farahian, S.J.

THE KORAN AND THE BIBLE: THE FIGURE OF ABRAHAM

In this topic[1] about the Koran and the Bible[2], I will try to avoid simply opposing the two religions, because I know too well the differences between these two books, in the texts themselves, in their positions and in the ways of interpreting them. As we know the Christian Bible incorporates the Hebrew Bible and the difference is only at the level of interpretation. In the case of the Koran, we are facing a different situation. For the Koran gives its own version of the history and the facts contained in the Jewish Christian Bible. Therefore my approach will be an attempt to illustrate through the examination of one biblical figure present both in the Koran and in the Bible, namely the figure of Abraham, how it is possible to move for a mutual recognition between believers in the one God[3].

The scope of both Muslims and Christians involved in the interreligious dialogue cannot only be the promotion of social activities or peace in the world. It is important for both Christians and Muslims to return back to their own scriptures in order to find a motivation for going ahead together in a religious dialogue. In my opinion, it is possible for us to contemplate together the figure of Abraham, even though there may be differences in the images we have of him. This can be a source of hope for a renewal and for a deeper growth in this kind of spiritual dialogue.

---

[1] This is the text of the inaugural Lecture of the Reverend Carl J. Peter Chair in Interreligious Studies at the Pontifical Gregorian University, on October 21, 1996.

[2] I would like to use this opportunity to thank my former professors in Islamology, the Jesuit Fathers Michel Allard and Paul Nwyia and two Dominicans of the Institute of Cairo (IDEO), Fr. G. Anawati and Fr. J. Jomier.

The title of this lecture is taken from the book by Fr. Jomier, *Bible et Coran*, Paris 1959, also translated in English: *The Bible and the Koran*, New York 1964.

My thanks also to Fr. George Sullivan s.j., Fr. Atli G. Jónsson and Mr. Joseph Burke for their help in preparing this text.

[3] Cf. C. Van Nispen - E. Farahian, "Note sullo statuto teologico dell'islâm", I, in *Civ. Catt.* 1996, I, pp. 327-336; "Note...", II, in *ibid.*, pp. 541-551.

Here I must stress that although I am speaking more specifically of the christian-islamic dialogue, we must not forget, that there is a third dimension: the dialogue with the Jews. It adds a necessary dimension for the development of a real and profound religious dialogue among the three monotheistic religions.

Before I start talking about Abraham, I want to clarify the following points:

I take for granted that dialogue between Muslims and Christians has to be first an existential dialogue in everyday life, but this existential dialogue, in everyday life, in my opinion, cannot be stopped at this level, it has to be pursued, whenever possible, in order to arrive at the specific level of religious and spiritual dialogue.

I take also for granted that mutual respect has always to be present among believers, without respect no dialogue is possible, but I ask for something more, I ask for a common working together, specially in reading from the different points of view the main religious texts about the fundamental beliefs with the aim of finding one day, some accord.

Consequently, I take for granted that the most important point in the intellectual and spiritual life for the person involved in dialogue is to contemplate the truth and to try to live in the truth, without any kind of proselytism or political agenda, and I ask here for reciprocity.

Having said this, let us start this study on the Koran and the Bible with the contemplation of the figure of Abraham, trying to find in this reading of the texts of the Koran and of the Bible a common starting point for a way leading to an experience of reading and sharing at the level of faith and religious experience.

I know well that it is impossible for the moment to read together the same texts in a common reading. It is not possible, because of the different dogmatic positions of the different believers we have mentioned, and we cannot make any serious religious dialogue without taking into consideration these concrete aspects of the faith of the individual believers and of the respective communities they belong to. To ignore these positions and pretend they do not exist — especially the different positions regarding the Bible and the Koran — does lead to finding a solution for this gap between the two traditions, but is a waste of time. It is better to

16

respect the different steps due to the real differences and to try to pursue the study not for an accord on the texts, or on the interpretation of the texts, but only for an accord on some meanings of certain important texts. In my opinion, in the specific case of Abraham, this is a real possibility.

Why the choice of Abraham?

On the one hand, it seems to me that it is better to start the approach to the texts with Abraham than with any other figure of the Bible or of the Koran for various reasons, namely: it is preferable not to go immediately to figures like Muhammad or Jesus, or Moses, because in these three cases, the different readers can find themselves obliged to move immediately to dogmatic positions which immediately cannot be accessible to other believers.

In the face of these three figures, it is also possible that the weight of the past can be a real handicap for pursuing the reading; is Jesus really the Son of God? is Muhammad really a Prophet? how do we consider Moses? These questions have to be examined but cannot be our starting point. Because of the discussions on certain of these points from the seventh century, there is the danger to go back immediately to the old controversies, without any way of avoiding them and any hope of any newness, except the opposition of the two or the three religious systems.

The choice of a less central figure and a more neutral one like Abraham can provide an occasion for a common perception of the positive aspects of the figure with the diminuition of the differences.

It might also be better to start with a concrete figure than with a global and general discussions which can become a bit abstract and not accessible to all the believers from both parts. It is important for example not to start too quickly with reflections on the positions of the different Scriptures for believers of both religions. It is better to be more down to earth and to contemplate a concrete historical figure like that of Abraham.

On the other hand, in the two (or three) monotheistic traditions, the figure of Abraham is very present. We find his specific experience of faith occurring from the first until the last moment, in these three traditions. This we can see by reading certain texts in the Koran and in the Bible, and that is very

17

impotant[4]. In all three traditions, we cannot pretend to feel superior toward the faith of Abraham. We cannot surpass him and go on to say we are true believers. Although he is not the central figure, in each of the three monotheistic traditions, he is very representative and continues to be representative after Moses, Jesus and Muhammad have completed their missions.

It is not the same with other figures. Adam appears but disappears very quickly. In the case of Lot, the nephew of Abraham, for example, the importance of the personage is a bit secondary, and in the case of a prophet like "Shuʿaib", we cannot come up with any comparison, because "Shuʿaib" is not a biblical figure, but an extra-biblical one, we find only in the Koran.

In fact, it can be accepted by everybody that Abraham has his relevant place in Judaism, Christianity and Islam, and that he is always mentioned like a model of faith. And this is sufficient for us now[5].

Moving in the direction of a common consideration of the figure of Abraham

We will start with the general information we can gather from the Bible and the Koran regarding Abraham.

The statistics

The consideration of the statistics is here very relevant for our understanding of the figure we are considering. The quantity of the words we must examine hints at the importance of Abraham in our texts. In fact, the word "Abraham" appears about 183 times in the Old Testament and only 73 times in the New Testament[6]. In

---

[4] The view of J. Botero, specialist of Assyrology, saying that everything in the Bible regarding monotheism first begins with Moses, is in our opinion the result of a big simplification.

[5] For confirmation of this point, we can remember that in a moment, not many years ago, in the dialogue, it was affirmed in a statement like a slogan that: "We are all together sons of Abraham". If this statement is not completely correct, it is pointing to a real fact: the centrality of the figure of Abraham in the interreligious dialogue.

[6] Cf. O. Odelain - R. Séguineau, *Dictionnaire des noms propres de la Bible*, Paris, 1978, p. 7. The name "Abram" is appearing 61 times.

contrast, in the same Bible, the name of Moses appears 867 times in the Old Testament, and 80 times in the New[7], meanwhile the name of Jesus appears 923 times only in the New Testament[8].

From the same statistical point of view, the name of Abraham appears 69 times in the Koran[9], in comparison for the other biblical figures, we can observe that the name of Moses (Mûsa) appears 136 times[10]; the name of Jesus ('Issa) appears 25 times[11]. At the same time, the name of Muhammad, for his part, appears only 4 times, and Ahmed, (the variant of the same name) only once[12]. For completing the information obtained from the statistics, we have to keep in mind, that Muhammad is usually called by his titles "ar-rasûl" or the messenger, and more rarely "an-nabi", or the prophet[13].

Consequently, we can affirm that in both books, the Koran and the Bible, the figure of Abraham is sufficiently represented. The information about the character of Abraham is also substantial in both books. We will now look at this.

Abraham in the Bible[14]

As most will know, the narratives about Abraham are found in the Bible in Genesis vchapters 12 to 25[15]. It is well known too, that,

---

[7] Cf. *ibid.*, p. 261-263.

[8] Cf. *ibid.*, p. 201-205.

[9] Cf. Muhammad Fuad Abdek Bâqi, *Al-Mu^cgam al Mufahras li alfâzh al-Qur'ân al Karîm*, 2ed. Cairo 1988, pp. 2-3.

[10] Cf. *ibid.*, pp. 854-855.

[11] Cf. *ibid.*, p. 628.

[12] Cf. *ibid.*, p. 277.

[13] It is useful to record that "rasûl" "messenger" appears nearby 200 times but not only for Muhammad. "Nabi", "prophet" is appearing 52 times but not only for Muhammad. We can note the very clear expression for Muhammad like a "rasûl" in 3,144.

[14] Cf. C.M. Martini, *Abraham our Father in Faith*, Gujarat 1992; A. Segre, *Abraham nostro padre*, Roma 1982; "Abraham" in X. Léon-Dufour, *Vocabulaire de théologie biblique*, Paris 1970, col. 3-7; "Abraham" in *Theologische Realenzyklopaedie*, Band I, Berlin-New York 1977, pp. 365-387; "Abraham" in *Encyclopaedia Universalis*, Corpus, vol. 1, Paris 1985, pp. 46-47; "Abraham" in *The Anchor Bible Dictionary*, vol. 1, New York 1992, pp. 35-41; "Abraham" in *Encyclopaedia Judaica*, vol. 2, col. 111-125.

[15] In fact, the exact starting is in Gn 11,26.

after these pages, the other references we find to this figure in the Old Testament and in the New Testament, are globally speaking only allusions or explanations or re-reading of the elements found in Genesis.

Reading the texts

From what we find in the Old Testament we can assume that Abraham lived about three thousand, eight hundred years ago. From the texts we have, we cannot build or reconstruct the different phases of his life in detail. This affirmation is not to be exaggerated by a negation of the historical dimension of the personage. The tendency of certain authors to negate even his historical existence gives too much room to skepticism regarding the value of the information we find in the pages of the Bible. This has to be avoided because we can generally trust what is said in Genesis about Abraham's experience of God.

Here we cannot deny that the texts speaking about Abraham are the source of many problems for their readers, but this is no more nor less than the difficulties we can find for all the other texts we find in the Pentateuch. For example, the repetitions (doublets and so on) are the source of many questions for knowing when and how these texts have been written, fixed and transmitted. Although they are only folkloristic elements, and without a very important theological relevance, we have to admit that, in Genesis, chapters 12 to 25, we find twice, (in Gn 12,10-12 and Gn 20,1-18) similar episodes: because Abraham wants to save his life, he is obliged to say that Sara is not his wife, but his sister. We have for a third time the same episode in Gn 26,6-11; this time, the protagonists are different, they are Isaac and Rebecca. This repetition is a problem. How do we understand it?

We find something similar about what we can call "the treaty at Beersheba" with Abimelech, near the well. We find the story twice, once it is told that it had happened with Abraham, in Genesis 21,23-31, and once, the protagonist is Isaac, in Gn 26,15-25. Here also the question can be: what is the meaning of this repetition?

More important is the following repetition: we find twice, in Genesis 15 and in Genesis 17, the story of the covenant God made with Abraham. But in a continuous reading there is a difference of time of thirteen years between these two covenants.

Here we have to add that these textual problems are at the origin of many and complex literary and theological questions for Jews and Christians confronted with the new methods of approaching the texts. Normally all these differences are attributed to different traditions and writers writing in different moments of history. More and more, it is possible to say that for many authors the approaches to these traditions are conceived not only as presenting the events of the past but also reflecting in their formulation the preoccupations of the period of the writing[16]. In any case, today no clear solution is definitively and really accepted for these problems. So it is more prudent to take the texts as we have them in their final form[17].

Essentially speaking, Abraham is the object of promises and blessings from God. We can say, on the one hand, that he receives the promise of the possession of a country (Gn 12,7); and on the other hand, that he receives the promise of a son (Gn 18,10) and of a abundant descendance. On, at least one occasion, both aspects of the promise are present together in one text (cf. Gn 13,14-17).

If we abandon formal aspects to go to the content we can say the following trying to draw an outline of the life of Abraham:

He, whose father is named Terah in Gn 11,27, moves from his country Mesopotamia to another land namely Canaan, with his nephew Lot. The only apparent motivation for this migration is a religious one (Gn 12,1). Chapters twelve and thirteen draw the lines of this migration with his nephew Lot until the arrival at Hebron, after having travelled through Shechem and Bethel. At Shechem, God made the promise that the descendants of Abraham will possess the land of Canaan. In the same chapter thirteen, Lot also separated himself from Abraham. In chapter fourteen, Lot was captured and Abraham fought to recover him. After that Abraham received the blessing of the king and priest of Salem, Melkisedek and Abraham gave him a tenth of everything in his possession.

---

[16] For more information, cf. R. de Vaux, *Histoire ancienne d'Istaël*, vol. 1, Paris 1971, pp. 155-273.

[17] For Muslims, before these questions normally the first attitude is to find that there is no real problem, because in the Koran, these human aspects connected with the transmission of the text are not relevant. For them also, as we know, the sacred text is immediately attributed to God. Finally for certain of them, they can think that these problems are the new aspects of what they call "the falsification of the (other) scriptures".

21

In chapter fifteen, God gives Abraham a new promise in the context of a sacrifice and a covenant: his numerous descendants will possess the land. But Sara, his wife, cannot have a child, and so she asks her husband Abraham to go to Hagar, her maid, and then follows the birth of Ishmael (Genesis 16).

In Genesis seventeen, thirteen years later, there is a renewal of the covenant, in connection with the sign of circumcision, and, this time, there is the promise that Sara will bear a son, who will be named Isaac. In Genesis eighteen (18,1-15), we have the visit of the three visitors and again the promise of the birth of a son. By now Lot is settled at Sodom. And in chapters 18-19, Abraham intercedes in his prayer to preserve Sodom and Gomorrah from destruction, but it is impossible to find ten righteous people. Only Lot and his two daughters escape, but his wife and the two cities are destroyed.

In Genesis twenty one, Isaac is born and Hagar and Ishmael are obliged to leave and to go to the desert.

In Genesis twenty two, we have another very important event in the life of Abraham. He is asked by God to make the sacrifice of his son in order to manifest his faith. In fact the sacrifice is stopped by God when he sees the good disposition of Abraham.

In Genesis twenty three, Sara died, but the succession is guaranteed. In Genesis twenty four, Abraham sent his servant back to Haran to make the choice of a wife for his son Isaac. Although, in Genesis twenty five, Abraham marries another woman Keturah (25,1), who gives him other descendants, the real heir is Isaac and he is the only important one. At the end of this same chapter (Gn 25), we are told that Abraham died and that he is buried at Hebron, beside his wife Sara.

Afte these chapters of Genesis, — as we have said before —, the other mentions of the name of the Patriarch are not really relevant and we can for our purposes put them aside, except perhaps the episode we find recalled in the book of Joshua, manifesting his fighting against the idols (24,2-3). We mention this episode of the book of Joshua because we will find something similar, but said in an different way and with different details, in the Koran.

This is what we have to remember about the way Abraham is presented in the Bible[18]. In all these episodes, he appears like a

---

[18] We can add that, in the Haggadah, Abraham became a priest after his

model of loyalty and an example of hospitality. The dominant aspect nevertheless is that he was God's partner, living in a real covenant with him.

In the New Testament, first of all, it is necessary to recall that Jesus is a biological descendant of Abraham, through David (Mt 1,1-17; Lk 2,34). On one occasion, we find the expression the "bosom of Abraham" used as a means to describe the place of rest of the righteous after their death (Lk 16,22).

We have to note, that in Mt 3,9 we have the following, in the preaching of John the Baptist: "Do not think that you can say to yourselves: "We have Abraham as our father". I tell you that God can raise up out of the stones children for Abraham".

We also find in the epistles of Paul and in the epistle of James, that Abraham is the father of all the believers but the motivation for this affirmation can be different. He can be considered to be the father of all the believers because of his faith (Rom 4; Gal 3) or because of his conduct (Jas 2,21-23). In any case, in these letters, Paul insists on saying that Christ is the real heir of Abraham, and that Jewish and Gentile Christians are together the real descendants of Abraham and Isaac (Gal 3,6-14). Finally, in the Epistle to the Hebrews, (in 11,8-19), we find another very rich description of the faith of Abraham.

In the New Testament the main aspects are the following: his faith and his spiritual descendancy. On this point our Christian interpretation differs from that of the Jews.

Abraham in the Koran[19]

The name "Abraham" (Ibrahîm) appears in the Koran in 25 suras or chapters[20]. This disposition has the effect that the same

---

meeting with Melkisedek; and the command to sacrifice Isaac or the "Akedah", in the land of Moriah, is more a trial for Abraham than for Isaac.

[19] Cf. "Abraham, père des croyants", *Cahiers Sioniens*, n. 2, juin 1951; Y. Moubarac, *Abraham dans le Coran*, Paris 1958; Muhammad Sayyed Tantaoui, *Al-Qissa fi al-Kur'ân al-karîm, Ibrahim wa Yûsef 'alayhima as-salâm*, Cairo 1993; "Ibrâhîm", in *Encyclopédie de l'Islam*, 2ed., Leyde-Paris 1971, pp. 1004-1006; "Abramo" in A.T. Khoury (dir.), *Dizionario Comparativo delle religioni monoteistiche: Ebraismo, Cristianesimo, Islam*, (trad.), Roma 1991, pp. 6-8.

[20] Cf. Muhammad Fuad Abdek Bâqi, *Al-Mu'gam al Mufahras li alfâzh al-Qur'ân al Karîm*, 2ed. Cairo 1988, pp. 2-3.

story is told many times, but never exactly in the same words. Consequently, we do not have a linear presentation of Abraham as found in the Bible, and this creates a big change for non-Muslim readers, because the conception of time is very different.

For clarity and to avoid certain difficulties, we will contemplate the figure of Abraham in itself, without looking too much to Lot, who is often associated with Abraham, and without speaking too much of his sons Ishmael and Isaac. In fact, we can easily separate Abraham from Lot, who is not an important figure in the Koran and we can assume that both Isaac and Ishmael[21] are also not so relevant in the same book. But let us get to know a bit better the most important passages of these texts.

To situate our knowledge of Abraham we have to recall that God, in the Koran, appears as the creator (for example, in sura 96), and as the judge (for example, in sura 74) and in many other passages. We have also to recall that, in the Koran, there is a kind of "prophetology" connecting all these personages sent by God, with the same mission, to admonish human beings. As we know all these prophets complete and confirm the work of the preceding one, because all of them transmit, in a certain sense, the same message.

This aspect we find in many texts. In this case, the presence of the name of Abraham is inserted in a chain of other names of different prophets. And all these prophets, as we find in the sura of "the Prophets", have to deliver to the different people, the same message: "There is no God save Me (Allah), so worship me" (21,25)[22]. It can also be formulated differently: "Say (O Muslims): We believe in Allah and that which is revealed unto us and that which was revealed unto Abraham and Ishmael, and Isaac, and Jacob, and the tribes, and that which Moses and Jesus received, and that which the prophets received from their Lord. We make no distinction between any of them, and unto Him we have surrendered (wa nahnu lahu muslimûn)" (2,136).

---

[21] We have to remember, here that what we know in the Koran about Ishmael is very little in comparison with what we have in the Bible, and in this sense, that he is not a very relevant personage in the Koran.

[22] For the translation of the Koran, we are using the translation of M. Pickthall, *The Meaning of the Glorious Qur'an*, World Islamic Publications, Delhi, 1979.

24

If this is globally their message, normally prophets and messengers have the mission to orient people to obedience in front of God, so they can be saved at the moment of judgment. But many times, the message of the prophets is not received by their people, except by a few, so the punishment they announced is realised. In the case of Abraham, there is a difference. He is not only a figure giving warnings and presenting threats, he is also a personage presenting to us the dimensions of edification and instruction.

It is important to note that in sura "Al-Ahzâb", "The Clans" (33,7) we have, in the case of Abraham the mention of the word "mithâq", covenant. But Abraham is not the only one to be associated in a solemn covenant with God. In the same verse, we find that this is also the case of Muhammed, Noah, Moses and Jesus.

An outline of Abraham's life in the Koran:

His father's name is Azar (6,74) and not Terah as we have seen in the book of Genesis. His father is a craftman making idols. In many suras, we have a description of his attitude when faced by the cult offered by his father and his tribe to idols. In front of this situation, he was obliged to fight and he preached his belief in the one and only God. In sura "al-ʿankabût" "the Spider", we find the following after the tentative of Abraham in favor of monotheism: "But the answer of his folk was only that they said: "Kill him" or "Burn him". Then Allah saved him from the fire. Lo! herein verily are portents for folk who believe" (29,24).

He is tempted by the cult of heavenly bodies (astrolatry): "When night grew dark upon him he beheld a star. He said: This is my Lord. But when it set, he said: I love not things that set" (al-ʿAnʿâm, Cattle, 6,76). After many experiences like this, he converted to the one God (sura 6,74-79)[23].

In other suras, we also have the story of the visit of men coming from God. Unlike the story we know from the Bible, where their message was a promise of descendancy, they now comunicate to Abraham that Sodom and Gomorrah will receive their punish-

---

[23] In Gn 15,5, we find a refrence to the stars connected to the promise of descendancy.

ment. For being more precise, it is possible to consider sura 37, "Assâfât", "Those who set the ranks", as the most complete presentation of Abraham in the Koran. In this passage, we find again information about his fight against the idolatry practised by many of his tribe and also against his own father.

In this same passage, we find another episode of the life of Abraham, namely the sacrifice of the son (37,100-101). But here the name of the son is not mentioned. This omission is very strange for non-Muslim readers.

In the following verses of the same sura 37 (vv. 112ss), we find a clear allusion to Isaac, so it is normal to think that he was not the *dhabih*, the one offered. For this reason, for the majority of Muslims, the sacrifice of the son is an episode concerning Ishmael and not Isaac.

In this precise context, it is also relevant to remember the verse 103 of the same sura: "then when they had both surrended (fallama aslâmâ) (to Allah) and he had flung him down upon his face ...". In this verse, we see Abraham together with his son, who is not given a name, at the moment of the sacrifice and both are presented like "muslims". Here the word "muslim" is not first to be understood in the sense of the islamic believer, but in the original meaning of the word: namely as surrendering or submission of the person in obedience to his Lord.

In this sense, Abraham for the Koran is really the first Muslim. He is said in this particular occasion to be "hanîf", a monotheistic believer, or a pure Muslim "ante litteram" (16,121; 16,124). And in this way, he is the founder, with his son Ishmael, of the Kaaba in Mekka, and at the source of the pilgrimage to this Holy place (cf. 2,119).

This affirmation is an occasion to ask what is the precise role of Abraham for the Arabs. In fact every people has its "rasûl", messenger (10,48 etc.) speaking to his people in their own language, but Abraham is not the prophet of the Arabs, but Muhammad, although he is the fiunder together with his son Ishmael of the Kaaba (cf. 2,119; 2,121). So to situate Abraham in relation to Muhammad, it is important to mention that we find Abraham asking God to send to the Arabs a messenger: "Our lord! And raise up in their midst a messenger from among them who shall recite unto them Thy revelations, and shall instruct them in the Scripture and in wisdom and shall make them grow" (2,129). Also a further difference can be noted Abraham is not said to be a "warner" like Muhammad (cf. 2,119) to the people of Lot, but he is only an intercessor in favor of them. Finally we can say that Abraham is essentially a preacher of monotheism.

In the past, some orientalists have claimed there is a substantial difference between the Abraham if the suras of Mekka and the Abraham of the suras of Medina. They said that Muhammed first tried to establish links with the Jews by referring to Abraham, but when he failed in doing this, he tried, during the period of Medina, to recuperate Abraham by saying that he was a "hanîf" (or a pure Muslim), and not a Jew or a Christian. In this way he cut him from his Jewish background as we can read in the sura "The family of 'Imrân", "al-'Imrân": "Abraham was not a Jew, nor yet a Christian; but he was an upright man who had surrended (to Allah) and he was not of the idolaters") (3,67). In this case, the scope of this reading of the figure of Abraham is to present Islam as the pure monotheism announced in the past by Abraham himself.

This process for arriving at the correct conclusion, namely that Abraham was a monotheist, is in my opinion not correct: first, because the image of Abraham is complete from the time of Mekka and there is not a second image of Abraham coming from the time of Medina but only one; and second, because the dating of the suras (different periods of Mekka, period of Medina) is not a simple question and there is not a position univocally accepted by Muslims on this point. So it is safer not to insist on these aspects for drawing conclusions about the image of Abraham. It is more correct to think, like Massignon, that Abraham is the model for the monotheistic faith of the Muslims. This is also a statement regarding Abraham that Muslims accept. This affirmation is both certain and of great value for us Christians, at a theological level.

Finally, we can summarize: in the Koran, Abraham is presented like a champion of monotheism, fighting against idolatry. He is at the same time: "khalil allah", as we find in sura "an-nisâ'", "Women": "Allah (Himself) chose Abraham for a friend" (4,125). He is also "imâm an-nâs", "leader for mankind": "I have appointed thee a leader for mankind", (cf. Sura "Al-Baqara, the Cow", 2,124).

As we have seen, both the Bible and the Koran present the history and life of Abraham in different ways. Looking beyond these differences, the essential point, both in the Koran and in the Bible is Abraham's act of faith which he makes in openness and submission to God. We should consider all other aspects as secondary but retain this central one[24].

From the Christian point of view, all of our faith is contained in the figure of Abraham in the form of a promise. In him we find a continuation between the Old and the New Testament. In him all the nations will be blessed, and sharing in the same blessing, they ought to live together in peace and harmony.

It should be clear, after this examination that we believers of different religions have a common ground and possibility for dialogue after our contemplation of the same figure of Abraham in our different religious writings and traditions.

Although the content of faith is not the same among the Jew, the Christian and the Muslim, we, nonetheless, find here the real structure of the faith, the abandonment to God, and in consequence, the basis of a mutual recognition in this attitude of faith. In this sense, Abraham is really the model for all the believers, the Muslims, the Jews and the Christians. When they altogether are living or trying to really live this abandonment to God, they are really living in correspondence to what God is asking from all mankind. The faith of Abraham gives form to our faith.

How shall we continue after having contemplated the figure of Abraham?

After having contemplated the figure of Abraham, it is important for the continuation of dialogue to pursue the same effort in the meditation of other biblical figures.

Perhaps we could turn our attention to the Virgin Mary[25]. She is another important figure, although not a central one. But I fear

---

[24] Bearing in mind what we have said, we do not think that faith can be separated from its content, but we insist here on the structural intentionality at the origin of real faith in God.

[25] For the statistics, we have the following: 1) Myriam, the sister of Moses: 14 times; 2) Mary, in the New Testament: 19 times (cf. O. Odelain - R. Séguineau, *Dictionnaire des noms propres de la Bible*, Paris, 1978, pp. 244-245); 3) Mariam, in the Koran: 34 times (cf. Muhammad Fuad Abdek Bâqi, *Al-Mu'gam al Mufahras li alfâzh al-Qur'an al Karîm*, 2ed. Cairo 1988, pp. 839-840).

that this is only possible for Muslims and Christians. Jews have not a special place for Mary[26].

We suggest that a better continuation for the dialogoe involving biblical figures between Christians, Jews and Muslims will be to go back to a figure like Joseph[27] or Job[28]. In any case, it is only possible to announce what we hope may follow.

In fact, in contemplating biblical figures, it is necessary repeatedly to turn to the texts of the three monotheistic traditions and to read them with patience, using the same methodology we have used here for a correct interpretation. In contemplating figures such as Mary, Joeph or Job, we will surely extend our common ground of understanding and grow in our appreciation of each other.

---

[26] Hopefully it is not impossible for Jews to participate in a dialogue with Muslims and Christians involving Mary. We think they could accept and promote her as "a daughter of Zion".

[27] Cf. Koran, in particular Sura "Yusuf"; see also the Bible, Gn 37.39-50; and for the New Testament: cf. "loci citati vel allegati" in Nestle-Aland, *Nuovo Testamento Greco-Italiano*, Roma 1996, p. 772.

[28] Cf. Koran, Sura al-Anbiyyâ', 83-84; see also the Bible, the book of Job; and for the New Testament: cf. "loci citati vel allegati" in Nestle-Aland, *Nuovo Testamento Greco-Italiano*, Roma 1996, p. 783.

Edmond Farahian, S.J.
&
Christiaan van Nispen tot Sevenaer, S.J.

APPROCHES BIBLICO-THÉOLOGIQUES DE L'ISLAM

I

"J'ai été trouvé par ceux qui ne me cherchaient pas, je me suis révélé à ceux qui ne me demandaient rien"

(Is 65,1 cité en Rm 10,20).

Un désir de dialogue sincère existe entre chrétiens et musulmans: il faut lui trouver une base solide au-delà des bons sentiments. Les meilleures comme les pires expériences concrètes à ce niveau ne peuvent pas ne pas entraîner de la part des chrétiens une réflexion sur le statut théologique de l'islam, et de sa valeur sotériologique.

Certes, il faut toujours promouvoir un présupposé d'acceptation et de respect mutuels tout comme une volonté de dépassionnaliser les débats entre croyants de fois diverses[1], et ces points sont absolument nécessaires au niveau des rapports sociologiques —, mais il est essentiel d'aller plus loin et d'aborder les questions dogmatiques relevant de l'ordre de la vérité. Les rapprochements factices ou les amalgames rapides servent peu, les relents de syncrétisme aussi, tout comme serait la négation des différences sur la base d'un usage de termes identiques sans prendre la précaution de les définir et sans faire attention à la différence profonde de signification qu'ils recouvrent dans chaque religion. L'usage de termes comme "parole de Dieu", "esprit (de Dieu)", "révélation", "prophétie", "prophète" etc. ne se recouvre pas d'une religion à l'autre et prête à de dommageables confusions. En effet, à refuser, sous quelques prétexte que ce soit, de s'engager sur ce terrain exigeant de la précision des concepts, des notions et des dogmes, il ne s'en suit que faussetés, ambiguïtés ou banalités dans les rapports interreligieux à brève ou longue échéance. Cette précision n'est pas un souci qui nous importe à nous autres chrétiens uniquement, elle se retrouve aussi chez les

---

[1] Cf. P. J. Ryan, "Is Dialogue possible with Muslims?" in *America*, dec. 31, 1994, pp. 13-17.

musulmans eux-mêmes qui demandent plus de clarté sur ce que nous pensons de leur religion[2]. Il faut donc reprendre cette réflexion en profondeur pour orienter les actions concrètes des uns et des autres[3].

L'urgence d'une réponse claire à de telles questions se fait davantage sentir aujourd'hui parce que les contacts entre fidèles des deux religions augmentent sensiblement. Mais ces questions ne sont cependant pas nouvelles: elles se posent depuis l'apparition de l'islam, c'est-à-dire depuis le septième siècle de l'ère chrétienne. Nous voulons tenter d'élaborer ici une réponse concernant l'islam et non les religions non-chrétiennes en général, puisque l'islam représente un cas tout à fait unique parmi ces religions. Vu que jusqu'à présent aucune position à ce sujet ne s'est vraiment imposée dans le monde de la recherche théologique, c'est avec grande modestie que nous avançons les propos tenus ici: ils ne veulent être qu'une tentative sérieuse. Puissent-ils pourtant servir de pierre milliaire sur le long chemin qui reste à parcourir en commun!

Mais entrons plus directement en matière, commençons par présenter la particularité de l'islam, examinons ensuite comment comprendre et situer théologiquement le phénomène de l'islam dans l'histoire du salut, en vue de mettre au clair quelques conséquences qui pourront clarifier les buts d'un dialogue théologique avec les musulmans.

La situation de l'islam est particulière

Pour le propos qui nous incombe, il faut rappeler qu'en ce qui concerne la théologie des religions la position de l'islam est unique et ne se ramène à aucune des autres figures que l'on peut rencontrer parmi les religions du monde. Cette spécificité est à respecter. En dehors de l'islam, nous nous trouvons en face de deux grandes catégories de religions non-chrétiennes: les religions asiatiques ou

---

[2] Par ailleurs, parmi les musulmans eux-mêmes, il y a aussi un débat sur le statut théologique à donner aux chrétiens et au christianisme (comme aussi en ce qui concerne les juifs et le judaïsme). Parmi ceux-ci on peut relever des noms comme celui de Muhammad Saʿîd al-ʿAschmâoui.

[3] Nous nous proposons d'insister ici sur les aspects conceptuels plutôt que sur les aspects historiques. Pour la clarté de l'exposé nous réduisons au minimum la partie érudite et la discussion avec les auteurs.

africaines (et américaines pré-colombiennes) et d'autre part, le judaïsme.

En effet, l'islam n'est pas une religion comme l'hindouisme ou le bouddhisme ou toute autre religion asiatique qui n'ont rien à voir avec le christianisme étant donné qu'elles sont nées et se sont développées dans des mondes tout à fait autres et à des époques bien antérieures à celui-ci. Ceci vaut aussi pour les religions africaines de traditions orales ou écrites. Ces religions ne se définissent pas en fonction du christianisme et leurs textes ou leurs traditions n'interfèrent nullement avec les textes de la tradition chrétienne. Cette situation a prévalu jusqu'à l'époque moderne qui a vu naître les premières confrontations sérieuses entre le christianisme et ces religions. Les différences entre ces religions et le christianisme sont d'ordre conceptuel (la notion de Dieu par exemple) ou anthropologique (la conception de l'homme et son rôle dans le monde etc.). La notion et la fonction du dogme semblent même assez différentes dans ces religions. D'ailleurs, dans ces religions en général, il y a beaucoup moins l'idée de dogmes qui en excluent d'autres. Dans certaines d'entre elles même les englobements semblent tout à fait possibles, d'où la tendance facile à un certain syncrétisme.

L'islam n'est pas non plus une religion comme le judaïsme, bien que celui-ci aussi soit un monothéisme, parce que le christianisme entretient des rapports tout à fait originaux avec le judaïsme. En effet le christianisme prend ses origines dans le judaïsme, et, le judaïsme est le contexte dans lequel la révélation chrétienne et ses textes verront le jour. Le christianisme reprend textuellement et dans toute leur extension la Bible des juifs, en faisant l'option pour quelques ajouts venant du judaïsme hellénique. Ces textes deviennent chez lui l'Ancien Testament vis-à-vis duquel les différences fondamentales avec le judaïsme sont principalement de l'ordre de l'interprétation.

Notons qu'à partir de ce tronc commun le christianisme et le judaïsme vont chacun leur chemin propre ce qui entraîne que le judaïsme n'est pas à réduire à ce tronc commun et que le christianisme ne se réduit pas à être une simple secte juive.

Le christianisme reçoit à partir de l'Ancien Testament sa révélation propre toute centrée sur la personne de Jésus-Christ qui se prolonge dans la communauté réunie en son nom, l'Eglise. Le judaïsme, quant à lui, développe sa propre tradition autour des synagogues sans plus de lien explicite avec le Temple, celui-ci ayant été malheureusement détruit en 70 ap. J.-C.

Face à ces deux grandes catégories de religions, — le judaïsme et les religions asiatiques ou africaines —, l'islam, apparu six siècles après Jésus-Christ, présente ainsi comme caractéristique d'être l'unique grande religion mondiale à être apparue dans l'histoire après le christianisme et à se situer par rapport à lui (et au judaïsme) dès sa naissance et dans ses textes fondateurs.

Du coup, les approches qui veulent faire de l'islam une préparation ou une pierre d'attente à la foi chrétienne et au christianisme ne peuvent que buter sur ce facteur chronologique. A tenter de dire qu'il s'agit d'une postériorité de fait mais d'une priorité logique, on ne fournit pas une meilleure solution, car cela ne respecte pas l'originalité de l'islam qui se présente comme l'ultime parole de Dieu venant après la Torah et l'Evangile. De plus, jamais l'islam ne s'est senti ou voulu comme une préparation à la foi chrétienne et au christianisme[4]. C'est le contraire qui prévaut, l'islam voit plutôt dans le judaïsme et le christianisme une préparation à l'islam historique. De fait, il se situe expressément par rapport aux juifs et par rapport aux chrétiens, en effet, il situe ces deux groupes de croyants comme formant "les gens du Livre" avec les Sabéens[5]. Il se veut comme venant compléter ou rectifier ce que ces groupes ont faussé du message originel de Dieu. Par ailleurs, le Coran, dans sa propre logique de l'histoire, ré-écrit l'histoire des juifs et des chrétiens avec ses propres mots et affirme noir sur blanc, contrairement aux dogmes chrétiens, que Jésus n'est pas Dieu, mais seulement homme et serviteur, qu'il n'est pas vraiment mort sur la Croix, donc qu'il n'y a pas de vraie rédemption et qu'enfin, Dieu n'est pas Trine mais Un avec une forte insistance sur son Unité exclusive et sa Transcendance opposée à toute médiation et à toute incarnation.

---

[4] A la différence de l'opinion du Père G. Bassetti-Sani, *L'islam nel piano nel piano della salvezza*, Fiesole 1992, qui considère le Coran comme une préparation à la découverte du Christ.

[5] On a pensé que les Sabéens sont les Mandéens, une secte judéo-chrétienne ou encore les chrétiens de Jean-Baptiste. cf. B. Carra de Vaux, art. "Sabéens" in *E.I.*, vol. IV, Paris 1934, p. 22). La nouvelle édition de cette encyclopédie montre que l'identification de ce groupe est bien plus complexe. Ils peuvent être aussi bien des Manichéens que des Elkaïtes ou des Mandéens. Il n'y a pas actuellement de consensus en cette matière (cf. F. C. de Blois, art. "Sâbi'" in *E.I.*, 2ed., vol. VIII, Paris 1995, pp. 692-694; T. Fahd, art. "Sâbi'a" in *E.I.*, 2ed., vol. VIII, pp. 694-698.

En conséquence, l'approche de l'islam comme hérésie, — l'autre tentative, après celle qui voit l'islam comme préparation —, qui fut déjà avancée, il y a fort longtemps, par saint Jean Damascène[6], s'avère peu opératoire, vu qu'avec l'islam, on se trouve arriver en fait en un point d'aboutissement final bien loin du christianisme et foncièrement différent de lui.

Cependant, en une première approximation, on ne peut pas ne pas reconnaître que l'islam est plus proche du judaïsme que des religions asiatiques ou africaines, car il se réclame d'un monothéisme radical, en même temps qu'il est une loi et qu'il a un livre, le Coran, considéré par les musulmans comme la Parole de Dieu. Mais l'islam n'est pas le judaïsme ou une hérésie issue du judaïsme! Même s'il prétend être la continuation authentique de la Torah, le Coran tout en parlant de personnages bibliques ne se base pas sur le texte existant de la Bible et le considère plutôt comme faussé et altéré. Du coup, les personnages bibliques eux-mêmes sont entièrement intégrés dans une logique propre au Coran et différente de celle de la Bible[7].

BILAN PROVISOIRE POUR RELANCER LA REFLEXION

Irréductibilité totale?

Après ce premier petit tour d'horizon, le bilan est lourd et ne peut être escamoté, parce qu'au-delà d'une ressemblance première nous découvrons la différence radicale. Cela semble entraîner comme conséquence que le christianisme et l'islam sont tout à fait irréductibles et que le dialogue à niveau théologique soit impossible ou en tout cas fortement piégé. La tentation d'arrêter la réflexion sur les rapports envisageables peut alors être grande. Il ne faut cependant pas y succomber mais il faut se demander ce qu'il est possible

---

[6] Cf. Jean Damascène, *Ecrits sur l'Islam*, Présentation, Commentaires et Traduction par R. Le Coz, (Sources Chrétiennes n. 383), Paris 1992.

[7] Les personnages bibliques repris dans le Coran et appelés par lui, prophètes et envoyés de Dieu sont une trentaine environ et servent comme annonces ou modèles à Muhammad. De plus, tous les personnages bibliques mentionnés dans le Coran sont considérés comme "prophètes", mais d'autre part, tous les prophètes bibliques présentés comme auteurs ou à l'origine de livres bibliques sont inconnus du Coran. On a fortement l'impression que sont mentionnés comme prophètes ceux à propos desquels on racontait des histoires (cf. Elie, Elisée, Jonas...).

de penser et de faire en cherchant ce qui s'ouvre comme voie à parcourir pour un vrai dialogue.

Il faut ici se refuser à toute réduction indue de l'islam de notre part et affirmer nettement la spécificité de cette religion en repartant du Coran. Certes, le Coran ne dit pas ce que dit la Bible, le Coran ne peut pas se laisser ramener à l'articulation Ancien Testament/ Nouveau Testament. En effet, pour les chrétiens, le rapport Coran/ Bible ne fonctionne pas selon le binôme préparation/accomplissement[8], mais le Coran ne renferme pas moins une certaine tradition biblique.

L'Islam comme renfermant une partie de la tradition biblique

A ce niveau, nous préférons préciser que le Coran renferme une partie de la tradition biblique et ne pas dire qu'il est "une parole de Dieu différente"[9]. Il ne peut pas y avoir pour nous une parole de Dieu différente de celle qu'il a déjà fait connaître et qui a abouti en Jésus-Christ, mort et ressuscité. Jésus-Christ n'est pas seulement le centre de l'expérience religieuse pour nous, mais le centre ou le point de référence ultime de l'histoire et de toute expérience religieuse. En lui, la révélation de Dieu se manifeste comme événement, comme acte divin dans l'histoire du salut qui culmine dans une personne. Il ne s'agit pas dans cette parole de Dieu d'une simple information donnée par Dieu sur Dieu, l'homme et le monde. D'où il découle qu'il ne peut y avoir une sorte de tradition biblique parallèle à la Bible judeo-chrétienne. C'est dans cette seule perspective qu'il faut relire certaines pages du Coran.

A priori il semblerait logique de faire partir notre recherche de rencontre de la personne de Jésus-Christ présentée par les textes des deux religions, au lieu de partir avant tout d'autres personnages que lui, mais ceci ne semble pas la meilleure manière de procéder, et durant des siècles, l'échange entre chrétiens et musulmans, au sujet de Jésus-Christ, n'a donné lieu qu'à des controverses: vu la radicalité

---

[8] Pour la logique musulmane, le rapport Bible/Coran représente naturellement ce binôme. Le Coran affirme même explicitement que la venue de Muhammad est annoncée par la Torah et l'Evangile.

[9] Cf. GRIC, *Ces Ecritures qui nous questionnent*, Paris 1987, pp. 112-122; C. Geffré, "Le Coran, une parole de Dieu différente?" *Lumière et Vie* 23 (1983) pp. 21-32.

toute particulière de la différence concernant Jésus-Christ, il semble plus opportun d'ancrer le point de départ plus en amont, dans la personne d'Abraham même, considéré par tous comme "le Père des croyants" (Rm 4,11) ou "le Guide pour les hommes" (S. 2,124).

L'islam selon le Coran se veut l'héritier d'Abraham et de son expérience religieuse monothéiste. Il pense même être le seul à restituer la véritable richesse de cette expérience. C'est le point de départ le plus solide pour fonder notre réflexion chrétienne en ce qui concerne le sens théologique de l'islam et pour chercher la spécificité du dialogue islamo-chrétien.

Laissant de côté pour le moment la question de la véracité de la révélation du Coran ou de la validité de l'expérience prophétique de Muhammad, allant au-delà des erreurs qui se sont glissées dans la reprise de la figure d'Abraham dans le Coran [10], et au-delà de toutes les manipulations qui ont conduit à ce résultat [11] — et sur lesquelles il nous semble bon de suspendre notre jugement pour l'instant —.

---

[10] Nous pensons ici qu'il faut laisser provisoirement de côté la question de la filiation d'Abraham. Cette filiation ne peut que susciter des problèmes. Pour les Juifs et les Chrétiens c'est Isaac qui compte. Selon le Nouveau Testament et spécialement saint Paul un pas de plus est fait, cette filiation n'est pas seulement charnelle mais spirituelle; elle vaut pour Isaac d'abord et non pour Ismaël, et elle vaut surtout ensuite comme don pour tous ceux qui, juifs et païens, sont selon la promesse vrais fils dans la vraie postérité d'Abraham qui n'est autre que le Fils même de Dieu, Jésus-Christ et à travers Lui, ceux qui lui appartiennent par la foi en Lui. Quant au Coran (S. 37, 102-111), pour ce qui touche au sacrifice d'Isaac selon Gn 22, il est présenté au niveau du texte comme le sacrifice du fils, sans précision du nom et sans que le texte permette de trancher de qui il s'agit, d'Isaac ou d'Ismaël. Les commentaires anciens présentent les deux éventualités. Plus tard, la tradition s'est fixée sur Ismaël, qui par ailleurs est présenté par le Coran à côté de son père Abraham, comme l'origine du culte monothéiste de la Kaaba à la Mecque, défiguré par la postérité et rendu à sa véritable pureté abrahamique par l'intermédiaire de Muhammad.

[11] Il ne nous appartient pas ici de distinguer des couches à l'intérieur du Coran et d'en retenir l'une ou d'en écarter d'autres. Il ne revient pas à nous de délimiter un Coran première manière et un Coran deuxième manière, comme on parle d'un premier Marx philosophe et puis du Marx du Capital (Althusser). Ces approches si elles peuvent être adoptées par des historiens ne doivent pas faire oublier que pour les Musulmans eux-mêmes, le Coran est avant tout UN, révélé entièrement par Dieu seul, même si c'est durant une période de vingt deux ans environ. Dans une telle perspective aucune attention à une éventuelle évolution de la conscience de Muhammad ne serait pertinente puisqu'il n'est que transmetteur de ce qu'il reçoit de Dieu, qui lui ne change pas.

Nous jugeons important de reconnaître que cette figure d'Abraham se trouve dans le Coran, et, avec elle, la visée propre qui est celle du monothéisme authentique.

Cette reconnaissance théorique de l'importance d'Abraham avec ce qu'elle comporte de reconnaissance d'un noyau d'expérience monothéiste s'accompagne d'une conséquence, pratique, par rapport à l'ensemble des musulmans, la suivante: il nous faut reconnaître, dans notre contact concret avec les musulmans, que cette expérience d'Abraham permet aux meilleurs d'entre eux de vivre une expérience semblable à celle de ce grand devancier, expérience inexplicable, sans une référence littéraire, par le moyen du Coran, à cette grande figure.

Malheureusement, dans cette recherche de points de rencontre, au-delà de la figure concrète d'Abraham, toutes les voies bibliques bifurquent ou changent de direction. Dès que l'on quitte Abraham lui-même, on ne retrouve plus, dans le Coran, la grande tradition biblique, même si nombre d'autres figures bibliques sont reprises par le Coran. On ne peut pas dire au sujet de Moïse ou de Jésus ce que l'on dit d'Abraham. A fortiori les prophètes non bibliques évoqués dans le Coran[12] ne facilitent pas non plus l'établissement de ponts ou de points de jonction. Cette "suite" autre change et module différemment le début que l'on vient de constater avec Abraham, sans l'annuler pour autant. Malgré tout, Abraham est présent dans cette tradition, et l'on peut méthodologiquement le contempler lui seul, adorant le vrai Dieu sans tenir compte, au moins en un moment initial, de sa descendance et des autres prophètes qui le suivirent.

Tout cela ne demande aucunement une nouvelle révélation de la part de Dieu, après le Christ ou à côté de lui, ni même une révélation partielle. N'oublions pas que même tout ce qui est donné par Dieu ne devient pas pour autant "révélation". La révélation à partir de Jésus-Christ a sa personne comme centre et aboutissement. C'est pourquoi d'ailleurs l'Eglise a toujours considéré que la révélation était close avec la mort du dernier apôtre, puisque c'est à travers le

---

[12] Rappelons que le Coran à côté des personnages bibliques qu'il appelle prophètes en utilisant même le mot hébreu "nabi" connaît d'autres "envoyés de Dieu" provenant probablement de certaines traditions arabes, à savoir Hud, Salih et Shu'aib, tandis qu'il affirme également que Dieu a envoyé d'autres prophètes à d'autres peuples sans les mentionner nommément.

témoignage de ce groupe d'hommes qu'il a réunit autour de lui que Jésus-Christ s'est manifesté au monde[13]. Il y a d'autant moins lieu de parler de révélation pour le Coran qu'on ne voit point le Coran amener directement des hommes à découvrir Jésus-Christ. Certains de ses passages bloquent plutôt la reconnaissance de son vrai visage.

Nous ne voyons pas grande signification non plus à parler de Muhammad comme prophète, si c'est pour dire immédiatement qu'il est "sui generis" et qu'il ne ressemble ni aux prophètes bibliques de l'Ancien Testament, ni à ceux du Nouveau. Il est beaucoup plus sage et exact de tenir compte qu'il se présente surtout comme "rasûl", envoyé de Dieu[14].

Sans nier que Muhammad ait pu avoir une certaine expérience spirituelle, la production du Coran peut s'expliquer très bien par des médiations culturelles et historiques exercées à travers le monde ambiant de l'Arabie. Cela n'en diminue pas moins pour nous que le Coran atteigne ainsi quelque chose de fondamental de l'expérience d'Abraham car c'est ici qu'il exprime le plus fortement sa sensibilité au mystère de Dieu, Seigneur Unique et qui a droit au coeur de l'homme. Si bien que Dieu peut demander à l'homme ce qu'il a de plus cher, même si l'homme ne comprend pas cette requête divine, — le sacrifice du fils —, et qu'il se soumet dans la foi et la confiance à son Seigneur. Même si cet aspect du mystère de la volonté de Dieu n'est pas absent des autres figures bibliques évoquées par le Coran, il semble cependant plus fortement récupérer celles-ci au service du seul message coranique.

---

[13] Pour mieux faire saisir le point que nous présentons ici rappelons que de nombreux textes de grande portée théologique et spirituelle aident les hommes à découvrir Dieu et à entrer en rapport avec lui, et plus encore, représentent une grâce donnée par Dieu, et peuvent même être dits en ce sens "inspirés" sans pour autant être révélation au sens propre du terme et sans entrer dans le canon des Ecritures. Comme exemple, on peut citer ici l'Imitation de Jésus-Christ qui a inspiré des générations nombreuses de chrétiens au long des siècles.

[14] Au niveau du texte coranique, la différence entre "nabi" et "rasûl" est la suivante: le mot "nabi" est utilisé exclusivement pour les personnages bibliques, tandis que "rasûl" est plus large. Le Coran va appliquer le terme de "nabi" à Muhammad lui-même, dans une étape relativement tardive à Médine. Dans la théologie musulmane ultérieure, la différence entre les deux termes est devenue une question compliquée où le consensus des auteurs manque. En général, on considère que le propre de l'envoyé, "rasûl", est d'avoir reçu de Dieu un livre à proclamer.

Par ailleurs, ce sens du mystère de l'absolu de Dieu qui dépasse l'entendement humain semble beaucoup moins présent dans le dogme musulman en tant que tel, où l'existence du Dieu Unique risque parfois de devenir une évidence et où la vie intérieure de Dieu est reléguée dans l'Inconnaissable (al-Ghayb) dont l'homme ne peut rien dire et où il ne faut pas chercher à s'introduire.

S'attacher à Abraham ce n'est pas retrouver une sorte de facteur commun de la foi, c'est trouver la matrice même de la foi. C'est là que l'homme soumet le tout de sa vie à Dieu et à sa volonté divine. Cet aspect se trouve chez les juifs comme chez les chrétiens. Juifs et chrétiens partent eux aussi de cette expérience de la foi d'Abraham même ensuite tout cela est assumé dans la réalité de l'alliance entre Dieu et l'homme, qui n'apparaît pas comme telle dans l'islam[15]. Quant aux chrétiens, si l'alliance arrive à son sommet unique en Jésus-Christ, celui-ci est bien l'aboutissement du chemin engagé avec Abraham et ne supprime absolument pas la valeur de ce début.

Les différences qui s'insèrent dans le Coran après Abraham influent sur la figure même d'Abraham. Celle-ci est prise elle aussi dans la logique coranique, et relue de manière polémique dans certains textes du Coran. En effet, Abraham y représente le vrai musulman, "hanîf", en face des juifs et des chrétiens, pour leur reprocher d'avoir voulu le monopoliser pour eux-mêmes. Pour le Coran, en effet, Abraham "ne fut ni juif ni chrétien" (S. 3,67). De plus, c'est lui qui avec son fils Ismaël a institué le culte monothéiste à la Mecque, au sanctuaire de la Kaaba (S. 14,37 et 22,26).

Selon cette logique qui représente Abraham comme le vrai musulman[16] avant la lettre, si les juifs et les chrétiens avaient été des disciples fidèles d'Abraham, ils auraient accepté la révélation coranique et la mission de Muhammad. Mais une telle divergence entre le discours biblique et le discours coranique aussi importante qu'elle

---

[15] Le mot 'alliance' ou 'pacte', en arabe "mithâq", est bien présent dans le Coran en parlant des juifs mais son sens change assez profondément et ne recouvre pas ce qu'il signifie dans la Bible. C'est plutôt un contrat tandis que le lien personnel entre Dieu et son peuple n'y est pas inclus.

[16] Rappelons que pour l'islam, tout homme est créé par Dieu "musulman" c'est-à-dire "muslim" ce qui signifie "soumis à Dieu". Du coup, l'islam devient avant tout l'expression du culte de Dieu inné en tout homme. L'islam exprime cela en se présentant comme "din al-fitra", la religion de l'homme comme il sort de la main de Dieu. Dans ce sens-là, il est la religion "naturelle".

42

soit n'élimine point les aspects positifs notés plus haut quant à Abraham modèle du croyant. Cet héritage spirituel qui nous rassemble autour de ce père des croyants demeure. Abraham n'en reste pas moins Abraham. C'est sur ce point qu'il faut tabler.

Après cette position explicitée ci-dessus, certains lecteurs tant chrétiens que musulmans pourraient avoir l'impression d'un "recul" par rapport aux affirmations avancées par d'autres penseurs chrétiens, spécialistes de la question, notamment quant à la reconnaissance d'un charisme prophétique partiel chez Muhammad ou à celle du Coran comme contenant une part de révélation. Nous n'évitons pas le problème. Cependant nous pensons que de telles affirmations créent des ambiguïtés et des malentendus sérieux sans favoriser un vrai rapprochement. Il ne nous semble pas en étant fidèles à ce que nous croyons comme chrétiens de pouvoir avancer de telles affirmations. Dire ceci n'est pas réducteur ni ne diminue le respect profond pour les croyants musulmans. Plus le dialogue est spirituel et profond plus il nécessite une rencontre dans la vérité. L'islam et le christianisme sont "autres" et "différents l'un de l'autre". Nous allons montrer que cela ne doit pas empêcher de se rencontrer en présence du Dieu Vivant.

Vers une adoration ensemble du même Dieu

Il s'en suit, dans nos rapports inter-religieux, que l'on est amené à affirmer d'abord une adoration du même Dieu unique, du Dieu d'Abraham, de part et d'autre en judaïsme, en christianisme et en islam. C'est ce qu'affirme bien le texte du concile Vatican II, *Lumen Gentium* n. 16, quand il dit en parlant du rapport entre musulmans et chrétiens qu'il y a adoration ensemble du même Dieu. En quel sens peut-on dire cela? En affirmant, en même temps, le rassemblement des croyants en cet acte d'adoration et en évitant une ambiguïté qui ferait comme si le contenu du dogme en tant que tel n'aurait aucune importance quant à l'acte même d'adoration. C'est ce qu'il nous reste à examiner dans une seconde partie.

Ensemble

En effet, au-delà de cette rencontre dans l'adoration, le vrai rapport du chrétien aux croyants musulmans ne peut pas ne pas se

43

poser. La visée du même Dieu ne peut pas ne pas provoquer un rassemblement des vrais adorateurs au-delà des différences et des divergences, sans pour autant diminuer leur importance. C'est ici que la spiritualité doit venir au secours de la théologie. C'est ici aussi que l'on peut provisoirement suspendre cette réflexion pour mieux la poursuivre en insistant sur le sens de nos différences, les limites exactes des valeurs que nous pouvons découvrir dans l'islam et leur rapport au salut donné par Dieu aux hommes en Jésus-Christ.

II

Après avoir vu dans une première partie la spécificité de l'islam du point de vue théologique chrétien, puis l'acte de foi et d'adoration d'Abraham comme point de rencontre entre l'islam et le christianisme malgré les différences profondes qui distinguent les deux religions, nous avons à examiner le sens exact de cette rencontre, tenant compte des limites et aidant ainsi à un dialogue dans la vérité.

La différence à l'intérieur de l'acte commun d'adoration

Dans la rencontre entre musulmans et chrétiens, à partir de l'expérience de foi d'Abraham, il y a adoration commune parce que Celui que nous adorons est le même Dieu, unique, transcendant et créateur.

Cependant dans cette foi en le même Dieu, il y a des différences profondes qui ne sont pas sans affecter l'acte d'adoration lui-même. Ces différences ne sont pas le résultat des simples différences entre personnes ou des différences culturelles, et par conséquent, des différences positives qui expriment l'unicité de chaque personne ou de chaque culture, qui permettent l'enrichissement constructif lors de la rencontre et qui renforcent donc la communion, il s'agit plutôt de différences qui impliquent des contradictions dans les positions de foi et les croyances; ces différences ne sont pas accidentelles et elles sont un poids négatif pour l'établissement de la communion.

Ces différences ne sont pas, au moins dans l'immédiat, le résultat de mauvaises volontés de part ou d'autres. Ces différences sent dues à ce que chacun considère être sa fidélité à sa conscience donc, sa fidélité à Dieu lui-même.

44

Nous touchons ici à la question délicate et importance du rapport entre conscience et vérité. Il n'est pas facile de concilier le respect des droits de la conscience et les exigences de la vérité, exigences qui cependant doivent toujours aller de pair. La conscience peut être erronée sans être coupable, car de bonne foi. Elle ne devient coupable que lorsqu'il y a négligence de la part de l'individu dans la recherche de la vérité et plus encore quand il y a fermeture et refus de l'écoute de l'Autre. Quoiqu'il en soit, de toute façon et dans tous les cas, c'est à travers sa conscience que l'homme peut avoir accès à Dieu et il faut donc tabler sur la conscience.

Cet aspect subjectif ne veut pas dire relativisme. La quête de la vérité absolue n'est pas absence dans cette démarche de la conscience, mais cette quête est considérée ici sous l'angle de la voie concrète parcourue et à parcourir pour parvenir à cette vérité. Il est frappant qu'aussi bien l'islam que le christianisme n'acceptent pas le relativisme qui nie toute vérité absolue. Par ailleurs, ces deux religions considèrent que l'homme est tenu à chercher la vérité[17].

La conscience apparaît ainsi le lieu de cette rencontre réelle entre chrétiens et musulmans, rencontre qui est à approfondir dans une différence non moins réelle et douloureuse. En effet, dans la mesure où il y a rencontre, nous sommes ensemble devant Dieu, en sa présence, et interpellés par lui. Nous sommes aussi, par le fait même, interpellés par Dieu, les uns à travers les autres. C'est ainsi que la vie spirituelle des chrétiens et des musulmans, tout en comportant ces différences profondes, devient un lieu de rencontre réel et source d'une responsabilité pour l'humanité et le monde. Car c'est au nom de sa fidélité à Dieu que l'homme est responsable de ses frères en humanité.

Cependant ces barrières de la rencontre sont bien réelles. Ces différences, au-delà même des points concrets dont il s'agit, forment des mentalités différentes qui créent des résistances et qui ren-

---

[17] Jusqu'à présent l'attitude de l'islam majoritaire n'admet pas qu'on puisse quitter l'islam en connaissance de cause et de bonne foi, et, du coup, considère que les conversions vers une autre religion que l'islam ne sont pas à admettre. Quant aux comportements concrets vis-à-vis des convertis qui quittent l'islam, ils diffèrent d'un pays à l'autre et d'un milieu à l'autre allant du meurtre à une relative tolérance. Des voix minoritaires commencent à se lever pour réclamer un changement notamment au nom de la dignité de la conscience et des droits de l'homme.

dent la communication mutuelle plus difficile. Et ce, sans considérer encore combien facilement le péché de l'homme se greffe sur de telles situations. De plus, il ne s'agit pas de simples rapports entre individus qui peuvent arriver plus facilement à un certain dépassement, mais il s'agit aussi de rapports de communautés, donc de rapports qui ont aussi une dimension politique, et c'est sur ce plan communautaire que les blocages peuvent jouer un rôle plus dangereux et plus difficile à dépasser[18].

Jusqu'ici nous avons vu, à la fois, les possibilités théologiques de la rencontre et les difficultés inhérentes à celle-ci sur les plans théorique et pratique, il nous faut maintenant voir le sens précis que les points de rencontre possibles, ainsi que les différences qui font obstacle, ont pour l'histoire du salut.

Commençons par rappeler que dans un passé non pas encore trop lointain, on séparait complètement la question du salut du non-chrétien de celle du regard porté sur sa religion. La plupart des théologiens catholiques admettaient — surtout à l'époque moderne — qu'un non-chrétien puisse être sauvé dans la mesure où il était dans une erreur non coupable concernant la vérité religieuse, et fidèle à sa conscience: mais cette possibilité de salut n'avait aucun rapport positif avec son appartenance à sa religion non-chrétienne, qui était regardée comme pur obstacle et comme ne présentant aucune utilité religieuse.

Cette situation a notablement changé avec Vatican II et les trois décrets *"Lumen Gentium"* (son paragraphe sur les religions non chrétiennes, le n. 16); puis *"Nostra Aetate"* sur la relation de l'Eglise avec les religions non chrétiennes, enfin *"Dignitatis humanae"* sur la liberté religieuse.

C'était la première fois dans l'histoire que l'Eglise catholique se prononçait sur les religions non chrétiennes et portait un regard positif sur elles, en relevant les aspects positifs que l'on peut y recon-

---

[18] A ce niveau, il faut rappeler que les rapports mutuels sont fortement influencés par l'imaginaire que les uns et les autres portent en eux à partir de toute l'histoire bien complexe de ces rapports depuis les origines. Les conquêtes musulmanes du VIIème siècle tout comme les Croisades, puis les conquêtes ottomanes, puis le colonialisme, — pour ne prendre que quelques exemples qui ont le plus marqués —, ont laissé leurs traces et ont toujours leur impact sur les représentations mutuelles et donc sur les capacités de se reconnaître et de s'accepter dans la paix.

naître; aspects, que l'Esprit de Dieu peut utiliser pour rapprocher l'homme de Dieu. Ceci sans nier pour autant l'importance des différences de ces religions avec la foi chrétienne et la nécessité de l'annonce de l'Evangile pour le salut.

Nous pouvons repartir de ces points fermes pour poursuivre la réflexion. Bien que beaucoup ait été dit ou écrit, tout dans la production théologique récente n'a pas la même valeur. Il faut donc établir un clair discernement en retournant à l'essentiel. Quel rôle positif attribuer à l'islam en tant que cadre religieux? Dans quelle mesure peut-il être d'une certaine aide sur le chemin du salut pour ses adeptes et dans quelle mesure est-il à considérer comme un obstacle à cela?

RÔLE POSITIF ET NEGATIF DE L'ISLAM

Rôle positif

Il est impossible de ne pas considérer le cadre religieux de l'islam dans son aspect positif. Mentionnons quelques uns de ces points fondamentaux.

L'islam transmet certainement à ses fidèles le sens de Dieu et de son mystère, de sa transcendance et de son absolu. Il manifeste dans son approche de la création, à la fois, la distinction radicale entre créature et Créateur, et le fait que les créatures doivent tout à Dieu. Il entraîne donc la possibilité d'une ouverture radicale du coeur face à Dieu, ce qui permet, de notre point de vue, à l'Esprit-Saint de pouvoir agir dans le coeur du croyant musulman.

Le culte musulman, s'il est vécu dans un tel esprit d'ouverture à Dieu, peut devenir l'expression dans le quotidien de la vie, de cette même ouverture, notamment dans la prière[19] et le jeûne[20]. Il faut

---

[19] Ici il est bon de distinguer les deux formes de prière principales en islam: la prière officielle, "salât", obligatoire, cinq fois par jour, et puis la prière de "duʿa'", ou d'invocation, qui est laissée à la libre initiative et où l'expression peut être plus libre.

[20] Pour ce qui a trait au jeûne, "sawm", il y a avant tout le jeûne obligatoire du mois de Ramadan, et d'autre part, la possibilité de pratiquer le jeûne, hors du temps fixé, dans de nombreux jours tout au cours de l'année.

mentionner encore dans le cadre du culte, la "zakât" ou aumône légale obligatoire[21] pour ceux qui en ont les moyens[22].

Du point de vue anthropologique, l'islam développe un certain sens de l'homme qui se laisse percevoir d'une part à travers ce qui est du premier homme, Adam, qui est le vicaire de Dieu sur la terre et qui est l'unique à qui Dieu apprend les noms des créatures, tandis que les anges doivent se prosterner devant Adam et s'informer auprès de lui de ces noms (S. 2,30-34)[23]; et d'autre part, parlant du crime d'assassinat d'un homme sans cause juste, le Coran souligne que par cet assassinat c'est comme si ce meurtrier avait tué toute l'humanité (S. 5,32); ce qui veut dire que le meurtrier n'a pas respecté l'homme dans la personne de sa victime.

Du point de vue moral, l'islam présente une série de valeurs importantes pour permettre une vie vertueuse de l'homme sous le regard de Dieu[24]. On retrouve aussi l'équivalent de la règle d'or du comportement (cf. Mt 7,12) dans le 13ème des Quarante hadiths de Al-Nawawi, qui dit que "quelqu'un n'est pas vraiment croyant tant qu'il ne désire pas pour son frère ce qu'il désire pour lui-même"[25].

---

[21] Pour quoi touche à cette aumône, "zakât", elle est réservée exclusivement aux besoins des musulmans, qu'il s'agisse des individus pauvres ou des nécessités de la communauté. Cependant à côté de cette aumône légale, il y a la recommandation d'une aumône libre, appelée "sadaqa", "bienfaisance" qui peut être destinée à n'importe quelle personne dans le besoin.

[22] On peut faire remarquer que le Concile Vatican II, dans la Déclaration *Nostra Aetate* concernant les musulmans, mentionne à propos du culte musulman les trois mêmes points sur lesquels nous venons d'insister. Rappelons que le culte musulman a par ailleurs deux autres points comme obligations, la première de toutes, la "shahâda", profession de foi musulmane et la dernière, celle du "hajj" ou pélerinage à la Mecque pour ceux qui en ont les moyens. Il se peut que le Concile ait préféré se limiter à ces trois points étant donné que les deux autres expriment plus fortement la manifestation de l'islam dans ce qu'il peut avoir de propre et d'exclusif.

[23] Ce qui montre que les anges sont ici au service de l'homme.

[24] On peut évoquer ici le hadith appelé "de Gabriel" dans lequel la vie morale est résumée en une demande de vivre comme si on voyait Dieu car "si tu ne le vois pas, Lui il te voit" (Deuxième des Quarante hadiths de Al-Nawawi, la collection la plus célèbre des traditions de Muhammad; cf. L. Pouzet, *Une herméneutique de la tradition islamique. Le Commentaire des Arba'ûn Al-Nawawiyeh" de Muhyî al-Dîn Yahyâ Al-Nawawi (m. 676/1277)*, Beyrouth 1982 (cité par la suite, Pouzet et la page). Ici, (trad. fr.) pp. 89-99.

[25] Quant à la manière d'entendre le terme "frère", Al-Nawawi dit dans son commentaire de ce hadith que sous le terme "frère", il faut plutôt comprendre qu'il inclut aussi bien le non-croyant (kâfir, l'infidèle) que le croyant. Cependant la

De plus, il est demandé à l'homme d'imiter les attributs de Dieu et notamment sa miséricorde quant aux pauvres et aux nécessiteux. La formule de Mt 25,31-46 a été reprise dans un hadith qui en rapporte plus ou moins l'équivalent[26].

Rôle négatif

1) *Les points proprement négatifs*

a) *Dieu*

Autant chrétiens et musulmans sont tous d'accord pour affirmer la transcendance de Dieu et la dépendance radicale de l'homme à son égard, autant la conception coranique de Dieu donne au chrétien l'impression d'écraser l'homme et de faire de lui un "abd" qui ne serait plus tellement un serviteur, au sens biblique du mot, mais plutôt un esclave qui exécute les décrets divins, sans possibilité de dire sa propre parole devant Dieu.

On voit mal dans la logique du Coran une place pour un homme qui élève la voix devant Dieu, pour un Job en lutte et proclamant son innocence devant lui, ou pour un Jérémie se plaignant d'avoir été séduit par lui, ou encore pour Jésus, à Gethsémani ou sur la croix et disant avec le psalmiste: "Mon Dieu, mon Dieu, pourquoi m'as-tu abandonné?"

---

meilleure chose que le croyant puisse désirer pour son "frère" non-croyant c'est qu'il puisse devenir musulman. Il faut pourtant noter que d'autres interprétations entendent ici la parole "frère" comme désignant exclusivement le coreligionnaire musulman: (cf. L. Pouzet, p. 133-135).

[26] En effet, un hadith qui rapporte une parole attribuée à Dieu à travers la personne de Muhammad (appelée pour cela "hadith qudsi", hadith "saint ou divin") dit ce qui suit: "L'envoyé de Dieu dit: "Dieu... dit, le jour de la résurrection": "O fils d'Adam, j'étais malade et tu ne m'as pas visité". L'homme répond: "O Seigneur comment aurais-je pu te visiter toi étant le Seigneur des mondes?" Dieu répond: "Est-ce que tu ne sais pas que mon serviteur un tel était malade et pourtant tu ne l'as pas visité?" "Est-ce que tu ne sais pas que si tu l'avais visité tu m'aurais trouvé auprès de lui ('indahu)?" "O fils d'Adam, je t'ai demandé de quoi manger et tu ne m'a pas nourri". L'homme répond: "O Seigneur comment aurais-je pu te nourrir toi étant le Seigneur des mondes?" Dieu répond: "...(si tu l'avais fait)... tu aurais trouvé cela auprès de moi ('indi)". La même question reçoit le même type de réponse pour le boire. (Cf. *Sahîh Muslim*, livre de la justice (birr), chap. 13, hadith 43 ou dans l'édition de Muhammad Fuâd Abdel Baqi, Le Caire s.d., Vol. IV, p. 1990).

Quant au sacrifice d'Abraham, les deux récits biblique et coranique qui le mentionnent sont cependant bien différents. Dans le récit biblique (Gn 22), le texte fait sentir toute la lutte qui se déroule dans le coeur d'Abraham, tandis que dans le texte coranique (S. 37,102-111), il y a immédiateté totale entre l'exigence de Dieu et la réponse, aussi bien d'Abraham que de son fils, sans laisser place apparemment à un cheminement, et, a fortiori, à un débat intérieur. Le lecteur du récit coranique a l'impression de voir là les événements comme de l'extérieur. Nous avons les faits presque bruts. Ainsi il apparaît que dans le texte coranique l'homme n'est pas vraiment un vis-à-vis de Dieu, reconnu dans son altérité.

Le rapport de soumission de l'homme à Dieu est inscrit pour le Coran dans le plus profond de l'homme, dans son être créé, appelé "fitra". En effet, le texte coranique nous dit que Dieu a interrogé toute la progéniture d'Adam avant même qu'elle n'existe et qu'il a établi avec elle une alliance ontologique et éternelle par laquelle tous les hommes dans cette pré-éternité ont proclamé leur adhésion au Dieu unique, donc leur qualité de "soumis" à Dieu (muslimûn) (S. 7,172-173). Et c'est ainsi que tout homme, selon cette conception, naît musulman [27].

Quant à la manière dont le Coran comprend Dieu, ce qui frappe d'abord c'est que l'on a le sentiment de rester "à l'extérieur" de Dieu [28]. Son essence est tout à fait inaccessible [29]. Il y a une proximi-

---

[27] Si ensuite, il apparaît comme appartenant à une autre religion, cela tient au seul fait que ses parents l'ont fait dévier selon ce que dit le "hadith appelé de la fitra". Ce hadith dit: "tout nouveau-né naît selon la fitra" (selon une autre version: selon "cette religion, milla"), "c'est ensuite ses parents qui en font un juif, un chrétien ou un zoroastrien (majûsi)". La "fitra" est comprise ici comme cet islam inné dans lequel Dieu a créé l'homme.

[28] Il n'est pas question de recevoir une participation à la vie même de Dieu.

[29] Muhammad Abdo, le célèbre réformateur égyptien (m. en 1905) précise à ce propos: "Penser l'essence de Dieu est... essayer d'atteindre ce que la capacité humaine ne peut atteindre; cela constitue un non-sens et une cause de perte: un non-sens parce c'est une tentative d'atteindre ce que l'on ne peut connaître, et une cause de perte car cela mène à la confusion dans la croyance puisque c'est vouloir déterminer ce qu'il n'est pas permis de déterminer et de cerner ce qu'on ne peut point cerner" (cf. *Risalat al-Tawhid*, (texte arabe), Le Caire, réimp. de l'éd. orig. de 1315-1897, p. 59). Cependant, dans l'au-delà, la récompense suprême sera pourtant la vision de Dieu, sans précision quant au mode. Les Mu'tazilites niaient ce point comme trop anthropomorphique; les Ash'arites et toute la tradition sunnite l'ont au contraire maintenu.

té qui est affirmée ("Dieu est plus proche de l'homme que sa veine jugulaire (S. 50,16). Mais de quelle proximité s'agit-il? Dieu est bien le tout-miséricordieux mais toute expression de ce qui pourrait sembler une véritable "affection" de Dieu envers ses créatures semble proscrite.

Si chrétiens et musulmans sont bien d'accord qu'il y a un abîme entre les créatures et le Créateur et que cet abîme ne peut être franchi par le propre acte de la créature, les textes coraniques donnent l'impression que Dieu lui-même ne cherche pas, et pour ainsi dire, ne pourrait même pas franchir cet abîme au point de devenir solidaire de l'homme et d'être radicalement avec lui. Dans ce contexte, ni incarnation de dieu ni "divinisation" de l'homme ne sont concevables[30].

b) *Jésus-Christ*

En ce qui concerne Jésus-Christ, tout ce qui est nié positivement de lui par l'islam fait évidemment problème. Certes le Coran affirme croire en Jésus, il prétend même présenter la vérité sur Jésus et de le défendre face à ceux qui l'ont mal compris, à savoir, d'une part les Juifs, qui ne l'ont pas reçu, et d'autre part, ceux de ses disciples, qui auraient falsifié son image et lui auraient attribué des titres et une nature divine qu'il aurait même refusés.

Ce qu'au nom de cela, le Coran nie de Jésus ne semble pas exprimer le dogme authentique de la Grande Eglise. En effet, pour le dogme de la Grande Eglise, "Dieu n'a pas adopté un fils" (ni pris femme). Il n'est pas "le troisième de trois" et "Il n'a pas pris Jésus et sa mère pour deux divinités en dessous de Dieu". Mais le Coran, à travers ces négations, semble exclure également toute affirmation sur Jésus qui va au-delà de l'image qu'il véhicule lui-même de Jésus, c'est-à-dire, un prophète selon le modèle de tous les prophètes de l'islam, et donc rien de plus qu'un serviteur de Dieu. Même si des titres plus spéciaux lui sont appliqués, qui viennent originellement de la tradition chrétienne comme "Verbe de Dieu" et "Esprit venant de Dieu", ils semblent tout à fait vidés du sens qu'ils avaient dans cette

---

[30] Il semble ici que l'islam metterait comme une limite à la grandeur de Dieu, au "Allah akbar", le Dieu plus grand, lui déniant la possibilité d'être tellement grand dans son amour qu'il puisse rejoindre sa créature sans rien perdre de sa divinité.

tradition. Et c'est en tout cas, dans ce sens exclusif, que la tradition musulmane a compris ces textes coraniques sur Jésus. C'est ainsi que sont niés les mystères de l'incarnation, de la divinité de Jésus et de la Trinité.

Quant au mystère de la rédemption, d'une part, il n'en est pas question dans le texte coranique, et surtout le Coran semble bien nier la réalité de la mort de Jésus sur la croix. Cette dernière néga- tion n'est pas formulée par rapport aux chrétiens mais en référence aux juifs, pour nier qu'ils aient eu le dessus sur Jésus. Mais, par le fait même, tout ce mystère central de la foi chrétienne n'a plus de place dans la logique coranique. On a fortement l'impression qu'une telle apparence d'échec d'un prophète de Dieu est inaccessible pour le Coran[31].

Après avoir noté ces différents éléments, il est clair que l'unicité de Jésus-Christ qui représente la parole ultime de Dieu, étant lui-même la Parole de Dieu donnée aux hommes, n'a plus de place. Aussi n'est-il pas étonnant que devenant un prophète parmi d'autres il laisse à Muhammad, comme dernier de cette série, la qualification de "sceau des prophètes"[32].

c) *Le rapport aux chrétiens*

C'est à partir de cette divergence profonde concernant la com- préhension de la personne de Jésus-Christ que l'islam considère que les chrétiens font de Jésus un "associé donné à Dieu". Or pour l'islam donner des "associés" à Dieu c'est le péché par excellence contre l'u- nité et l'unicité de Dieu, qui est le coeur même de la foi islamique.

Si de nombreux musulmans reconnaissent cependant que les chrétiens tiennent à confesser l'unité et l'unicité de Dieu, ils considè- rent qu'il y a chez ces derniers, un profond manque de cohérence en- tre ces deux affirmations, l'unicité de Dieu d'une part et de l'autre la divinité de Jésus-Christ.

---

[31] Du coup, on ne voit pas de place spécifique en islam pour la croix et la souffrance, comme pouvant avoir un sens propre dans le cheminement du salut, autre que la pure soumission à la volonté de Dieu. Ceci vaut au moins pour l'islam sunnite. L'islam chiite pour sa part, à partir du martyre de Hussein (petit fils de Muhammad), semble bien donner une certaine valeur rédemptrice à la souffrance (cf. L. Gardet, *L'islam, religion et communauté*, Paris 1970, p. 162).
[32] Selon le Coran Jésus a lui-même annoncé la venue de Muhammad (cf. S. 61,6).

Si Jésus pour le Coran, comme nous l'avons vu, n'est qu'un des prophètes qui ont reçu le message "islamique" de Dieu, sous la forme de l'"Evangile", livre "descendu" sur lui; ses disciples, par la réception de ce livre, sont devenus comme les Juifs qui les précèdent, des gens qui ont reçu "le livre" et ainsi forment avec eux le groupe des "ahl al-kitâb", "les gens du Livre". Mais pour l'islam, le livre de Dieu a trouvé son expression parfaite et définitive dans le Coran, qui, du coup, devient lui le critère pour juger de l'authenticité de tous les autres écrits. Le Coran est supposé par ailleurs englober tous ces écrits précédents et par le fait même le musulman considère qu'il croit à tous ces écrits antérieurs, nommément la Torah et l'Evangile, du simple fait de croire au Coran, même s'il n'a jamais eu recours à ces différents textes. De plus, Juifs et Chrétiens sont accusés d'avoir "altéré" leurs livres ce qui signifie pour la plupart des interprètes qu'ils ont falsifié ces textes, même si une minorité d'entre eux — dans le passé et dans le présent — considère que cette "altération" concerne uniquement le sens donné à ces livres sans changement quant à la lettre de ces textes.

Par voie de conséquence, les vrais disciples du Christ seraient les musulmans; ceux qui se nomment chrétiens aujourd'hui après Muhammad, seraient, pour ainsi dire, les disciples déviés de Jésus qui gardent le droit de rester présents au milieu des musulmans (tout comme les Juifs) mais sans que leur religion puisse être considérée comme voie de salut[33].

La difficulté qui en résulte dans le dialogue islamo-chrétien est que les chrétiens se voient déjà catalogués et situés automatiquement parmi "les gens du Livre", l'islam considérant qu'il détient la vérité sur le Christ et le christianisme.

2) *Les ambiguïtés*

Les ambiguïtés que l'on peut trouver dans le Coran ou dans la façon de le comprendre sont essentiellement de deux types:

---

[33] "Voie de salut" correpond à "najât". Pour les musulmans il s'agit d'échapper au jugement de Dieu, il ne s'agit pas pour eux évidemment de "rédemption" au sens propre.

La position que nous résumons ici est celle du courant majoritaire en islam. Il existe d'autres positions qui veulent valoriser davantage le christianisme comme celle que nous avons mentionnée au début de notre étude (cf. p. 2, n. 1).

— le premier type de ces ambiguïtés consiste en des textes qui se laissent interpréter de façons diverses. On trouve des textes qui expriment une assez grande ouverture envers l'autre et les gens du Livre et parmi eux spécialement les chrétiens; d'autres textes expriment beaucoup plus la fermeture et semblent laisser beaucoup moins de place à l'autre. Par exemple, le verset du sabre (S. 9,5)[34]. Dans la pratique, pour la manière de comprendre, tout dépendra du type de verset que l'on choisit comme clef d'interprétation. Par exemple, certains, dans la traditions musulmane, ont prétendu que le verset du sabre "abroge"[35] plus ou moins 120 autres versets du Coran. Cette interprétation amène à une assez grande fermeture envers les non musulmans. D'autres docteurs musulmans, particulièrement parmi les modernes, tels Rachid Rida, refusent tout à fait cette idée du verset du sabre abrogeant d'autres versets et considèrent qu'il faut interpréter le verset du sabre à partir des versets plus ouverts, qu'ils considèrent être la base. Pour ces derniers, le verset du sabre et d'autres analogues concerneraient uniquement des situations où les non-musulmans entrent en guerre contre les musulmans ou l'islam.

— le deuxième type de ces ambiguités consiste dans l'existence adressée à la conscience des croyants qui peut laisser cette conscience en suspens entre des options morales finalement incompatibles entre elles (par ex: quant à la réponse à l'injustice subie; il y a, d'une part, la foi du talion, oeil pour oeil, dent pour dent, (reprenant une expression vétérotestamentaire, mais après Jésus) (S. 5,45), et d'autre part, dans le même verset, on trouve la déclaration que celui qui abandonne généreusement son droit fait mieux. Ainsi la conscience est tenue en suspens, tu abandonnes ton droit très bien et tu n'arrives pas à le faire, cela va aussi[36].

En christianisme, on ne peut pas dire qu'on a entièrement satisfait à toutes les demandes de Jésus-Christ tant que l'on n'arrive pas

---

[34] S. 9,5: "Après que les mois sacrés se seront écoulés, tuez les polythéistes, partout où vous les trouverez; capturez-les, assiégez-les; dressez-leur des embuscades mais s'ils se repentent, s'ils s'acquittent de la prière, s'ils font l'aumône, laissez-les libres. — Dieu est celui qui pardonne, il est miséricordieux.—" (Traduction du Coran par Denise Masson, ed. de la Pléiade, Paris 1967, p. 224).

[35] Pour l'abrogation ou Naskh, cf. S. 2,106.

[36] On peut noter aussi dans le même sens, S. 16,121.

à aimer ses ennemis (cf. Lc 6,27). En islam, on peut avoir l'impression d'avoir observé tout ce qui est demandé dans le Coran. Il y a là un côté légaliste fort où l'observation extérieure de la loi risque de primer et ainsi de paralyser l'élan spirituel proprement dit [37]. En christianisme on insiste davantage sur le fait que le croyant reste toujours en dette d'amour aussi bien quant à Dieu que quant au prochain (cf. Rm 13,8).

Le drame est que la conscience est comme amenée à vouloir aller au-delà de la lettre même du Coran et avoir l'impression que cela correspond à un dynamisme vraiment spirituel mais cet élan est rabaissé par la fixité de la lettre. On trouve ceci par exemple quant à la conception coranique du mariage qui laisse la porte ouverte à la polygamie et à la répudiation de la part de l'homme.

Il y a une ambiguïté quant à la conception même de la révélation. On peut considérer la révélation comme l'expression d'un dynamisme divin qui amène l'homme à aller toujours plus loin dans le sens de ce dynamisme et en son nom même, donc de dépasser la lettre du texte, en un certain sens (considérant cela comme étant la fidélité au texte), et une autre conception, pour laquelle la lettre même du texte fixe pour toujours le cadre même de l'élan religieux, donc ne permettant jamais d'aller au-delà de cette lettre du texte. Cette lutte continue encore aujourd'hui sous diverses formes, dans le passé, c'est plutôt cette dernière qui a dominé [38].

---

[37] Chez les mystiques, l'exigence d'un au-delà du texte et de la loi a parfois été ressentie fortement. Certains ont exprimé cela par la distinction entre al-zaher, la lettre du texte révélé et de la loi qu'il implique, et al-batin, "l'intérieur", c'est-à-dire le sens spirituel caché. Ce dernier était pour eux plus important au point que l'un ou l'autre parmi eux se considéraient dispensés de l'observation de la lettre de la loi pour se donner à ce sens spirituel caché. Ce qui provoquait l'indignation des juristes plus conservateurs. Cela a été reproché nommément à Mansûr al-Hallâj, le célèbre mystique (m. en 922), et en général, à l'école mystique dite "Malâmatiyya", dont les membres cherchaient à recevoir des reproches pour mieux cacher leurs vertus.

[38] Un bon exemple ici serait la question de l'héritage de la femme en islam. Le texte coranique lui attribue la moitié de la part de l'homme. La société arabe pré-islamique ne lui attribuait rien du tout. La législation coranique fut donc un progrès. Dans une interprétation pour laquelle le dynamisme du texte est plus important que la lettre elle-même et même normatif, on avance que l'on pourrait admettre aujourd'hui l'égalité entre l'homme et la femme quant à l'héritage, en toute fidélité quant au sens du texte. L'interprétation qui considère la lettre du texte comme le dernier mot ne supporte pas un tel dépassement et s'emploie activement pour ramener à la lettre même du texte coranique.

Et le salut?

Après avoir examiné ces différents aspects du cadre religieux musulman, en ce qu'ils peuvent avoir de positif et de négatif du point de vue chrétien quant au cheminement de foi, examinons brièvement la question de l'impact de tout ce dont nous venons de parler par rapport à l'accès du musulman au salut, compte tenu de son cadre religieux.

Ce n'est pas l'islam en tant que tel qui sauve ses adeptes, d'ailleurs ce n'est jamais la religion en tant que telle qui sauve, mais Dieu qui sauve[39]; Dieu qui a manifesté jusqu'au bout son amour sauveur dans la personne de Jésus-Christ.

Dans quelle mesure l'islam peut-il aider ses adeptes dans le cheminement vers ce Dieu qui sauve? L'islam sous cet angle n'est pas un corps monolithique et uniforme, même dans les négations et ambiguïtés sus-mentionnés, il est toujours susceptible pour les musulmans eux-mêmes de lectures diverses et multiples. Il nous faut en tenir compte. Dans la mesure où il représente des fermetures envers cet amour de Dieu, il peut être un obstacle pour le cheminement au salut, mais dans la mesure où le croyant musulman est centré davantage sur les ouvertures que sa foi permet, ce croyant se dispose ainsi à l'action de la grâce divine et peut alors trouver, dans certains aspects de sa religion — déjà soulignés plus haut —, des appuis pour son cheminement.

Pour nous autres chrétiens, le croyant musulman qui s'ouvre de telle façon à la grâce divine est orienté sans le savoir par le fait même vers la rencontre de la personne de Jésus-Christ. Ce dernier rend présent au monde tout l'amour salutaire du Père et vainc par le mystère pascal, par sa croix et sa résurrection, toutes les forces de péché et de mort. Si dans la vie de ce croyant musulman, le péché et la mort n'ont plus le dernier mot, c'est grâce à cet amour infini du Christ qui a vaincu la mort. Dans sa correspondance avec la grâce divine, le croyant musulman a part d'une certaine façon à ce mystère pascal.

Sans une conscience pleine de ce que cette ouverture du coeur implique le croyant musulman perçoit plus ou moins une telle action de Dieu sans pouvoir en dire toute la portée.

---

[39] Ce n'est pas le christianisme qui sauve comme tel mais il est reconnu comme voie de salut par excellence donnant accès à Dieu qui sauve en Jésus-Christ.

Approfondir ceci demanderait encore des réflexions théologiques ultérieures. Il faudrait expliciter plus profondément le rapport entre l'unicité de Jésus-Christ et l'oeuvre universelle de l'Esprit-Saint qui permet à tout homme de pouvoir avoir accès au salut divin, d'entrer dans le Royaume de Dieu même s'il ne fait pas partie de l'Eglise visible, qui a pourtant mission d'annoncer ce Royaume. Le dernier mot reste et doit rester au Dieu Vivant que nous adorons tous et qui nous meut à le chercher toujours davantage, lui qui est Celui qui nous fait vivre et nous rencontrer — ensemble et différents — sur ce chemin qui conduit vers Lui.

Arij A. Roest Crollius, S.J.

INTERRELIGIOUS DIALOGUE:
CAN IT BE SINCERE?

1. *The Main Intentions in Interreligious Dialogue.*

Before getting into the core of our question: what is sincerity and how far does it reach? — we first discuss the various forms of Interreligious Dialogue.

11 Practical Dialogue. Meant is a dialogue that is praxis-oriented. The participants aim at a common action. We do not speak about any kind of participants. In an Interreligious Dialogue people with a religious inspiration and outlook are involved. And in their conceiving a joint project, they are motivated by their religious background. Moreover, in working together, and doing the job which they undertook, they find strength also in their religion.

A question: does this exclude people who do not profess any religious creed, or do not belong to an established religion? — Certainly not! Their presence and taking part can even be very healthy. It can help religiously-minded people not to consider themselves as better than others. And often, people who call themselves non-religious, or even secularist or atheist, have a great sense of honesty, commitment and fidelity. Could it be that they are perhaps less distracted by otherwordly values?

This practical dialogue has many forms. It goes from the village council in a pluri-religious setting to the collaboration of international organizations such as Red Cross, Crescent, Star of David and Singha Lion. The common task can also vary, from garbage collecting to fund colleting. When this type of dialogue touches things as school education, setting-up a calendar of holidays, defining the working hours, things and people can become rather touchy.

Verifying the sincerity of this kind of dialogue is not too difficult. It finds the proof of its sincerity in the result. Have you people just been talking, or have you also done something together?

It would seem that this type of Interreligious Dialogue is a very basic and essential one. We can produce a lot of words in talk and script, and our PC's help us in it with the touch of a finger. All this remains without evident value when there is not a common action. This type of dialogue is the nourishing ground of all other types. It is the humus from which mutual understanding can grow. And only on the basis of a lived, mutual understanding can we begin to talk about matters as peace and justice. Declarations of peace in international charters do not help very much, when people in the same town or region heartily hate each other.

12 **Diplomatic Dialogue.** At first sight, this seems to be a rather suspicious type of conversation. Diplomats have been stereotyped as people of mental duplicity. Moreover, agreeing to disagree appears a very meagre result of an encounter. And to this has to be added the question: in how far can participants in Interreligious Dialogue agree to disagree? Should they not object, refute, try to convince others?

First on diplomacy. Diplomacy is an ancient virtue. In the Aristotelian catalogue of virtues, it would find its place between prudence and eutrapelia. Prudence, in this context, means the ability to say the right thing at the right moment, and eutrapelia adds to this the capacity to do it in a pleasant and even playful way. This is not against sincerity. It would be a very simplistic and naive idea of sincerity, to mean that one should always say all one has on one's mind. This would be safe only for rather empty minds.

Prudence in talking can have various motives. In an educative situation, it can be inspired by pedagogical considerations. Among friends and lovers, by a mixture of trust and thoughtfulness. In a courtroom, by fear. In Interreligious Dialogue the motive would be respect for the freedom of the others and faith in a divine will that goes beyond our short-lived, and therefore impatient plans and projects.

In the context of Interreligious Dialogue, "to agree to disagree" manifests respect for the other, for the freedom of his conscience and choice. Call it diplomacy or by any other name. Though it might be good to re-value the word and task of diplomacy. We have, today, too many technicians and specialists who do the job of hammering out agreements which, more often than not, don't work. For diplomacy, a degree of civilization is needed, that goes beyond that of the technicians and specialists, beyond that of the *homo faber*. Something of the wisdom of the *homo sapiens* would have to appear on the scene.

62

13 **Doctrinal-scientific dialogue in order to gain a better understanding.** In the realm of Interreligious Dialogue this is a matter of common sense, and hence a rare phenomenon. "We know who those people are, and what their religion is worth. We have done our studies, and read books. We even read their books. So, there is little use in their coming to us, and saying that they like us after all."

"Moreover, in practically all religions that are different from our own, people use such abstruse language. They don't think in logical categories. Let them first put their ideas in an acceptable way, then we can talk."

These and similar considerations mean that a sincere Interreligious Dialogue in order to learn from the other about his own religion is not very highly esteemed. Some think that one has to be gifted with paternalistic condescendence or with a tourist's hunger for the exotic in order to venture on such a path. (Once I was in a drafting committee for the final declaration after a session of Interreligious Dialogue. We had written "during this meeting we have learned from each other." This sentence was dropped by the main body of dialogists. They argued: "If we say that we have learned from each other, we imply that we do not know everything. That would be a blame on our religion.")

Secular universities are here far ahead of the specialists in religion. Progress of knowledge and understanding, also in the field of religions, is for them a matter of course. For those who engage in Interreligious Dialogue, the motivation really has to be to understand the other in his religion. But without doing as if oneself, one is without religion or faith. The quest to understand the other implies also his relation to me and mine to him. This way to understand the other's religion is a long way. How much do we understand of our own religion? Moreover, the dialogue is difficult, because we speak different language. To force people of another religion, which has not originated and developed in western culture, to put their ideas in the categories of occidental thought would be to impose upon them a mental alienation. This is one of the troubles with western disciplines as Orientalism, Islamology, Hindology etc. However, it seems that people with few scientific hang-ups who live their religion in a sincere way are capable of type of dialogue. (I remember conversations with people of other faiths, in countries where travelling

63

is measured not in hours but in days. Sometimes, I learned more in a day's travel with some chance companions than in deep studies.)

14   Doctrinal-assertive dialogue in order to convince the other of the validity of one's own religion. Here, it seems, we finally have a type of Interreligious Dialogue which appears boldly sincere, otherwise it would not exist. If this kind of sincerity comes from both, or all sides that are involved in the dialogue, we get a show of good, old polemics. When done while observing some rules of the game, e.g. using civilized language and refraining from inflicting bodily harm on the other, then such a dialogue can even be refreshing.

This type of colloquial behaviour is very difficult indeed. The own religious conviction and the preoccupation to convince the other make it an extremely arduous task to hear what the other is saying and to make a genuine effort to understand him or her or them. Very easily, what is planned as a dialogue becomes an exchange of monologues. When this happens in meetings set-up for the occasion, then these monologues can even be printed and bound together into a volume. (Not a few academic meetings of otherwise reasonable persons are conducted in this way.)

15   Spiritual dialogue can lead to the discovery of the dialogal character of truth. With spiritual dialogue is meant here a conversation in which the word proceeds from the inner freedom of the person. Insofar as the inner truth is expressed, it does not any longer belong only to the one who expressed it: this truth is there also for the others. This truth exists now in order to be perceived.

When the human person manifests itself, it is always in dialogue with other persons. In this, the inner truth of the human being shows its dialogal nature.

In this free, inter-personal dialogue, the criterion of truth (being true or being false) is no longer uniquely found in the person which expresses itself, but in the movement of dialogue itself. This is not just an added characteristic of human truth, just during the time they are conversing. Truth without life, without dialogue, would be without meaning. It would be the expression of no one, perceived by no one.

Hans Urs von Balthasar remarks in this context that in this type of dialogue the inner meaning of truth reveals itself as love. Only love can justify fully the dialogal movement.

Moreover, since the word in this dialogue is a free word, it can only be perceived and admitted in freedom. No one can be forced to a dialogue where human persons meet as free persons.

This is all the more true for Interreligious Dialogue. Without mutual love and trust, all the true things that are proffered remain senseless in a dialogue that has only the appearance of it. Love is founded on the fundamental decision of seeking a greater good for the other. Trust can be found only when you give it. *Fidelem si putaveris invenies* (Seneca: If you deem someone trustworthy, you will find him to be so.)

16 **The dialogue of friendship is a gratuitous sharing.** Though friendship can be helpful for many things, and can facilitate colleborations that lead to great results, it does not need any scope outside itself. The sharing of friends is just because they are friends.

This kind of gratuitousness is, I would dare to think, rare in Interreligious Dialogue. Not only because friendship is rare. Friendships vary in intensity and duration. But to enjoy an exchange on religious topics or rather, on religious experiences, in the same way one would enjoy together a symphony, a walk or a sunset, how often did we encounter that in Interreligious Dialogue? The answer is difficult to give. Normally people don't put such an experience in the paper. One finds instances of this in Stories of the Fathers of the Deserts, in Zen Stories, in Rabbinic literature.

However rare this type of Interreligious Dialogue, it can never be authentic without at least an element of gratuitousness. And once an element, even infinitesimally small, is there, then the entire dialogue becomes gratuitous, free, and open for the infinite.

17 **Interreligious Dialogue is expected to be a religious dialogue.** The religious nature of such a dialogue does not consist in the number of prayers said or the professions of faith made, but in one, basic conviction. It is the awareness that the truth of our creed and religion is not our possession. That it is much greater than we are. It is an awareness of the truth and reality "which engulfs our being, and whence we take our rise, and whither our journey leads us" (NA 1).

The knowledge of standing before the majesty of a truth that is always greater than the human heart and mind makes the participants in Interreligious Dialogue modest and unpretentious. Perhaps the awareness comes to them, that they do not have to defend truth, but that truth defends them. Perhaps they discover that they do not have to seek truth, but that truth has found them.

Then all the other intentions and forms of Interreligious Dialogue, of which we have mentioned a few, come together in the hearts of the participants in such a dialogue. And without their having done much for it, they discover themselves in a new mode of being. Their very existence has become dialogue.

2. *The Pitfalls of Insincerity.*

21 **Lack of trust, suspicion, fear.** It is not very pleasant to deal with this sort of topics. Brevity may be helpful. For the sake of clarity, however, these negative sides have to be mentioned. This first, little point is clear by itself. Suspicion and fear make any type of human conversation impossible, also Interreligious Dialogue.

22 **Religious indifference, scepticism, cynicism.** Also this point seems self-evident. How can one with religious indifference engage in Interreligious Dialogue? However, there is a type of religious indifference which seems to make some people rather fond of Interreligious Dialogue. That is the idea that "all religions say the same. Why should they talk about differences? Let us rather go on together, on the path of the unique and only divine truth!" This is a special form of religious indifference: the indifference toward a rational expression of religious truth. This makes a rational dialogue impossible.

Also without having recourse to an idea of the vagueness of divine truth itself, there are persons who are sceptical with regard to all human knowledge of truth. In a non-reflexive, practical way, this sceptical attitude can be called one of the social mental illnesses of today. In front of the vastness of human knowledge and experience, and the intricacy of the way things function, from atoms to stellar systems, many simply give up to understand it or to make sense of it. The vast stream of information in which today's society is engulfed contributes to this indifference. This attitude has its consequences, not only on the religious level, but also in ethical be-

66

haviour. Since it so difficult to know where responsibilities are located in the complicated society, what is the difference what choice the single person makes? Is there still room for ethical behaviour? That such an attitude can lead to the autocratic behaviour of the cynics, is also clear.

Should we call this insincerity? One might rather speak of an incapacity to be sincere.

23 **Self-sufficiency and cultural remoteness** can cause a lack of interest in other religions and in the people who believe in other creeds. In sufficiency there is, at least, a kind of sincerity, which says: "I am not interested in you, neither in what you believe in." But this sincerity is not very helpful for Interreligious Dialogue.

Cultural differences are a more complicated problem in Interreligious Dialogue. Above all, there is the question of language. It would seem that, in the present movement of globalization, English is going to be the most universally spoken language. But is English helpful for Interreligious Dialogue? Most religions have their own language, often since millennia. And many hold on to it for their cultic practices and their religious studies. These religions cannot be really understood without a knowledge of their particular language.

24 **Aggressiveness, insecurity.** Both, normally, go together. Aggressiveness is one of the manifestations of insecurity. And insecurity is, in religious matters, often found among sects and sect-like groups, such as fundamentalists (understood here not in its specific, American sense, but in the broad sense used today for conservative movements in various religions). This attitude can lead to some polemic conversations, but what we call the art of Interreligious Dialogue will not be much helped by it.

25 **The absence of spiritual humanism** means here the view, and more than that, the certainty that each human being is a person, spiritual and, as such, gifted with freedom. A good measure of personalism would be helpful for Interreligious Dialogue, which, all too often, is conducted by "representatives" of a given religion, and thus wavers between legitimate, and necessary, faithfulness, and an attitude which seems rather gregarious. If, in Interreligious Dialogue, we only exchange the official tenets of our respective religious, as

67

they are embedded in the various traditions, the conversation can be instructive, but does not get much beyond the stage of "comparing notes." In such a context, it will be very difficult to discover the dialogal character of truth. This is only possible when we meet as persons, and when we can ask each other: "How do you live with this? What does this mean for you?"

26 **Aloofness and coldness of heart** makes friendship impossible. In such a situation, the participants in Interreligious Dialogue will have great difficulty coming to a gratuitous sharing of experiences. Interreligious Dialogue is an adventure, and with a heart that is aloof an cold, one does not get very far on this path.

27 One can know everything about a religion without having **faith and faith experience.** But what does one know? Not much more than the outer shell of a given religion, be it one's own or that of others.

The Vatican Document on *Proclamation and Dialogue* makes mention of the "Dialogue of religious experience," and depicts it as a dialogue "where persons, rooted in their own religious traditions, share their spiritual riches, for instance with regard to prayer and contemplation, faith and ways of searching God or the Absolute" (n. 43d). The question is then: do we share in communicating words or do we share in a communion? Perhaps we need many words in order to reach the awareness of a communion. Communion is a matter of being, communication has to do with expressions. Being is prior to expressions in words. Faith, surely not without the help of words, can touch being. Without faith, one can not break through the many *logoi* to the one *logos* that is the sense and meaning of our being.

This brief survey of some of the difficulties in Interreligious Dialogue makes manifest that there are some elements which are necessary for it: faith, esteem of the human person, and knowledge, or at least, the desire to know. Interreligious Dialogue is sincere, when it tends to make progress in these three fields, precisely by means of dialogue.

3. *How to Live with some of the Impossibilities of Interreligious Dialogue?*

31 **When fundamentalisms meet** Interreligious Dialogue will not be easy, except, perhaps, in its initial, clarifying stages. It will be useful to understand the nature of today's fundamentalist currents in the various religions.

We know that the term "Fundamentalism" was first used on American soil, in the wake of a reaction against Liberal Protestant exegesis in the end of the 19th century. The name, properly, comes from the 12 volume work *The Fundamentals: A Testimony to the Truth* (1910-1912). In 1919 the *World Christian Fundamental Association* was formed. The movement was characterized by a literal exegesis of the Bible; some earlier millenarian ideas still live on; it was not without antisemitism, and strongly anti-communist. Today, the movement has the name *The World Evangelical Fellowship* (since 1948). But the term "Fundamentalism" was to stay, and is now used for conservative and integralistic currents in various religions.

Fundamentalism is a complex phenomenon, but there are some recurrent features. We briefly mention them.

1. A literal reading of the Sacred Scriptures. Modern, and even less modern exegesis is rejected. The Word, as it was written in a given cultural and historical context, should be taken as it is, without interpreting it by its context.

2. The mediation of culture and history is rejected. The ideal is a return to the origins.

3. The tradition within the given religious group tends to become unchangeable scripture in its turn.

4. One cannot deny that there is often a selective reading of the Sacred Scriptures in Fundamentalist currents. But the criterium of selection is not always clear.

5. The Fundamentalist reaction has a strongly "male" character. It has been termed "The Revolution of the Patriarchs." Power appears to be a noticeable element in it. This exercises an attraction on women, who see in it a protection of family vaules, and on not a few among the youth, who find an outlet for asserting their strength, even in a violent way.

6. The movement gives a "sense of belonging," which is often lost in contemporary migratory changes and the assault of the media.

7. Dialogue, also Interreligious Dialogue, is seen as a weakness.

However, dialogue with Fundamentalists is not impossible. Especially the first forms of Interreligious Dialogue mentioned above (collaboration, agreeing to disagree, comparison of tenets) can often be practised with fruit. After all, we live together in one village, global or not. A pragmatic approach can be helpful.

32　The choice between **exclusive and inclusive language** is one of the mechanisms at work in Interreligious Dialogue. In its simplest terms, this boils down to the use of "we" or "we and they." In this latter case, "they" receive special terms: "unbelievers, pagans, heretics, the *massa damnata*, etc." Also here, a pragmatic approach seems to be the only way to come to a dialogue. Perhaps that, as citizens of a country, or of the world, we can do something useful together. There are even situations which require some kind of collaboration as in a time of natural or social crisis.

33　**The utility of logic in dialogue** can seem a superfluous statement. But it can happen that sentiments, positive or negative, obscure a logical discourse. Even with positive sentiments one has to be at one's guard. Feelings are fugacious. One cannot build a mutual understanding on them. Interreligious Dialogue requires the hard work of trying to understand others, and also how others understand us. One can compare Interreligious Dialogue with the art of mountain climbing. Some remain in the bar at the foot of the mountain. They "feel so well together." Others move on, on the arduous road. That is where logic and understanding enter. And still others go toward the high places, where they discover the *logos* beyond and in the many *logoi*.

34　The question of how we live with our **history** and histories would be a chapter in itself. But one thing is clear. In Interreligious Dialogue we have to try to understand each other's reading of history. And where there are evident biases, we have to correct them. This can imply an urgent work of revising textbooks on history in use at our schools, and not only textbooks on religious education.

70

35   Every religion lives with a **remembrance.** It is, perhaps, very difficult to forget, even though our memory is selective. Negative memories, even if they cannot or should not be forgotten, make place for forgiveness. Forgiveness is only real when one discovers that there is nothing to be forgiven. Generations follow each other, and who can be held responsible for what?

36   A condition for progress in the art of dialogue is the capacity to see things from the point of view of the other. This operates an **exchange of perspective,** and can shed a new light on the problems we deal with. Often, in order to understand what a person says, one has first to understand the person. Moreover, sincerity is not obstructed by "putting between brackets" certain conflictive points. Not all problems or misunderstandings have to be solved today, and perhaps not even in this century. That is what is called **"the art of epochè."**

37   The Sage says: "There is a time to keep silence, and a time to speak" (Qoh 3:7). Dialogue, evidently, is a time to speak. But when, through the exchange of words, we touch something of the truth/ reality that becomes transparent in our Interreligious Dialogue, and the words become diaphanous for the Logos that engulfs and pervades all that is, then one can be overcome with awe before the majesty of truth, and one can even be forced to silence.

   Yet, with this sublime spiritual and religious perspective of the Interreligious Dialogue, and also because of it, there is one cause where silence can not take the place of words, and where words can not take the place of deeds. This is, when those who are engaged in dialogue become aware of human beings — companions in the pilgrimage of life — who are attacked in their dignity, deprived of their rights, forced to a life unworthy of human beings who have been called with a divine vocation. Then there is an urgency to the reality of deeds and of solidarity, of being-with-them. Perhaps then the noble efforts of reaching a deeper, mutual understanding in matters of religion and faith, by means of Interreligious Dialogue, will have to be suspended for a moment. And with this, this brief paper returns to from where it started.

Riproduzione anastatica: 20 marzo 1998
Tipografia Poliglotta della Pontificia Università Gregoriana
Piazza della Pilotta, 4 – 00187 Roma